essentials

essentials liefern aktuelles Wissen in konzentrierter Form. Die Essenz dessen, worauf es als „State-of-the-Art" in der gegenwärtigen Fachdiskussion oder in der Praxis ankommt. *essentials* informieren schnell, unkompliziert und verständlich

- als Einführung in ein aktuelles Thema aus Ihrem Fachgebiet
- als Einstieg in ein für Sie noch unbekanntes Themenfeld
- als Einblick, um zum Thema mitreden zu können

Die Bücher in elektronischer und gedruckter Form bringen das Expertenwissen von Springer-Fachautoren kompakt zur Darstellung. Sie sind besonders für die Nutzung als eBook auf Tablet-PCs, eBook-Readern und Smartphones geeignet. *essentials:* Wissensbausteine aus den Wirtschafts-, Sozial- und Geisteswissenschaften, aus Technik und Naturwissenschaften sowie aus Medizin, Psychologie und Gesundheitsberufen. Von renommierten Autoren aller Springer-Verlagsmarken.

Weitere Bände in dieser Reihe http://www.springer.com/series/13088

Michael Deeken · Kevin Specht

Zukunftsfähigkeit deutscher Sparkassen

Ansatzpunkte innovativer Unternehmensgestaltung

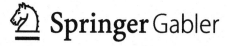

Prof. Dr. Michael Deeken
FOM Hochschule für Oekonomie
und Management gGmbH
Mannheim, Deutschland

Kevin Specht
Vermögensanlage AltBayern AG
Regensburg, Deutschland

ISSN 2197-6708　　　　　　　　ISSN 2197-6716　(electronic)
essentials
ISBN 978-3-658-18699-9　　　　ISBN 978-3-658-18700-2　(eBook)
DOI 10.1007/978-3-658-18700-2

Die Deutsche Nationalbibliothek verzeichnet diese Publikation in der Deutschen Nationalbibliografie; detaillierte bibliografische Daten sind im Internet über http://dnb.d-nb.de abrufbar.

Springer Gabler
© Springer Fachmedien Wiesbaden GmbH 2017
Das Werk einschließlich aller seiner Teile ist urheberrechtlich geschützt. Jede Verwertung, die nicht ausdrücklich vom Urheberrechtsgesetz zugelassen ist, bedarf der vorherigen Zustimmung des Verlags. Das gilt insbesondere für Vervielfältigungen, Bearbeitungen, Übersetzungen, Mikroverfilmungen und die Einspeicherung und Verarbeitung in elektronischen Systemen.
Die Wiedergabe von Gebrauchsnamen, Handelsnamen, Warenbezeichnungen usw. in diesem Werk berechtigt auch ohne besondere Kennzeichnung nicht zu der Annahme, dass solche Namen im Sinne der Warenzeichen- und Markenschutz-Gesetzgebung als frei zu betrachten wären und daher von jedermann benutzt werden dürften.
Der Verlag, die Autoren und die Herausgeber gehen davon aus, dass die Angaben und Informationen in diesem Werk zum Zeitpunkt der Veröffentlichung vollständig und korrekt sind. Weder der Verlag noch die Autoren oder die Herausgeber übernehmen, ausdrücklich oder implizit, Gewähr für den Inhalt des Werkes, etwaige Fehler oder Äußerungen. Der Verlag bleibt im Hinblick auf geografische Zuordnungen und Gebietsbezeichnungen in veröffentlichten Karten und Institutionsadressen neutral.

Gedruckt auf säurefreiem und chlorfrei gebleichtem Papier

Springer Gabler ist Teil von Springer Nature
Die eingetragene Gesellschaft ist Springer Fachmedien Wiesbaden GmbH
Die Anschrift der Gesellschaft ist: Abraham-Lincoln-Str. 46, 65189 Wiesbaden, Germany

Was Sie in diesem *essential* finden können

- Gründe für das Dilemma der Finanzindustrie.
- Einen Überblick über den Status quo bei den Sparkassen.
- Ein Verständnis darüber, was die Zukunftsfähigkeit von Organisationen, im Speziellen Sparkassen, ausmacht.
- Innovationen als notwendige Triebfeder von Veränderungen.
- Gestaltungsoptionen für innovative Organisationsstrukturen/Kooperationsmodelle.

Inhaltsverzeichnis

1	**Auch Sparkassen im Dilemma der Finanzindustrie**	1
2	**Attribute zukunftsfähiger Unternehmen**	7
2.1	Evolution vs. Konstanz	7
2.2	Kundenorientierung und Kundenbedürfnisse	11
2.3	Mit Flexibilität und Wandlungsfähigkeit zum Wettbewerbsvorteil	14
2.4	Innovationen als Triebfeder zur Zukunftssicherung	15
3	**Sparkassen von gestern vs. Sparkassen von morgen**	19
3.1	Historische Entwicklung und Status quo der Sparkassen	19
3.2	Analyse der Vertriebsstrategie der Zukunft	26
4	**Die Krise der Sparkassen als Opportunität – innovative Gestaltungsoptionen durch Kooperationsmodelle**	29
4.1	Die Krise als Opportunität	29
4.2	Realitätserfassung statt Diagnose im Elfenbeinturm	30
4.3	Voluntarismus als Unternehmensphilosophie	30
4.4	Strategische Kooperation als Gestaltungsoption	31
4.5	Disruptive Innovation	32
4.6	Agiles Management	32
4.7	Change Management	33
4.8	Inhalts- und Prozesscontrolling	34
5	**Zusammenfassung und Ausblick**	37
Literatur		41

Abkürzungsverzeichnis

DSGV	Deutscher Sparkassen- und Giroverband
DVAG	Deutsche Vermögensberatung AG
IWF	Internationaler Währungsfonds
VÖB	Bundesverband Öffentlicher Banken Deutschland
VuV	Verband unabhängiger Vermögensverwalter

Auch Sparkassen im Dilemma der Finanzindustrie

Man erinnere sich an die „fetten Jahre" der Finanzindustrie. Nach dem zweiten Weltkrieg war es recht schnell gelungen, die Branche profitabel zu machen. Es waren v. a. die Jahre 1970 ff., als sich sowohl die Versicherungen wie auch die Banken und Sparkassen nahezu alles leisten konnten. Die üppigen Bilanzgewinne wurden in eigene Prachtimmobilien gesteckt und nicht zuletzt deshalb entstand ein immer dichteres Filial- bzw. Geschäftsstellennetz. Ressourcen, v. a. Humanressourcen, wurden dezentral allokiert und so entstand ein mächtiger Apparat, der als vertriebsstark gefeiert wurde. In Wirklichkeit wurde jede Vertriebsressource mit immer mehr Vertriebsunterstützung ausgestattet, was später noch zu einem großen Redundanzproblem führen sollte. Im Zuge leistungsfähiger EDV-Prozesse wurden nämlich sehr bald schon erhebliche Rationalisierungspotenziale in der gesamten Finanzbranche geschaffen, die alsbald auch genutzt werden sollten. Im Mitarbeiterabbau war das Management der deutschen Finanzindustrie allerdings äußerst ungeübt. Das oben angesprochene Redundanzproblem wurde daher nicht bzw. nur sehr zögerlich angegangen. Stattdessen wurde der Versuch unternommen, Humanressourcen anders zu allokieren (z. B. Versetzung in die Zentrale) oder sie weiterzuentwickeln (z. B. zu Kundenbetreuern mit Vertriebsauftrag). Sicher mag dies in einigen Fällen funktioniert haben, aber bei den meisten Mitarbeitern stellte sich erwartungsgemäß heraus, dass man aus Backoffice-/Servicekräften nicht so leicht Vertriebsprofis machen kann. Noch konnte sich die Finanzindustrie diese Art der Ineffizienz leisten und es war verpönt, darüber zu sprechen. Nur einer wagte sich 1990 mit einer kritischen Bemerkung nach vorne: „Die Banken sind die Stahlindustrie der neunziger Jahre" – so die Worte von Ulrich Cartellieri, seinerzeit Vorstandsmitglied der Deutschen Bank. (Cartellieri 1990) Nur wenige nahmen ihn damals ernst. Ganz offensichtlich hat er sich aber nur mit dem Zeitpunkt getäuscht, nicht aber mit der Tatsache selbst.

Wenn heute in der Finanzindustrie von Krise gesprochen wird, dann nicht allein weil die Redundanzen in den betreffenden Unternehmen zu groß geworden sind. Folgt man dem o. g. Ressourcenbegriff weiter, so lässt sich diagnostizieren, dass der sog. „organizational slack" (Cyert und March 1963; Kirsch 2001) der einzelnen Unternehmen, aber auch der gesamten Branche nicht zielgerichtet genutzt wurde, um Früherkennung und damit antizipative Krisenbewältigung zu begreifen. Deshalb war die Branche auch nicht vorbereitet, als Ende 2007 die (erste) „Finanzkrise" des 21. Jhd. ausbrach und von Amerika kommend sehr rasch auch Deutschland erfasste.

Erst seit dem Niedergang von Lehman Brothers in den USA weiß die Finanzindustrie – und wissen auch alle Anleger, was „systemrelevant" bedeutet. Wie ein Domino-Effekt zog sich die Vertrauenskrise durch die Finanzwelt. Overnight money war für Banken plötzlich Mangelware und so einige Insolvenzen konnten nur durch massive Eingriffe der Zentralbanken verhindert werden. In Folge dieser Rettungsaktionen übernahmen die internationalen Notenbanken (USA, Japan, Europa) die Rolle der koordinierten Aufsicht über die Geldpolitik. Seither wurden weltweit die Zinsen auf historische Tiefs geführt. Dieses Umfeld erweist sich heute als giftig für die gesamte Finanzbranche, da kaum mehr vernünftige Zinsmargen zu generieren sind.

Anfänglich waren es gerade die Sparkassen, welche die Finanzmarktkrise einigermaßen gemeistert haben. Im heutigen Niedrigzinsumfeld sind sie nun genauso stark betroffen wie alle anderen Institute der Branche auch. Zusätzlich drücken nun genau die Kosten, die während der letzten Jahre nicht ausreichend bekämpft wurden. Mitten in diesem Dilemma stellt sich nun die Frage, wie man sinnvoll gegensteuern kann. Noch dazu, wenn von außen branchenfremde Unternehmen auf den Markt drängen, um beispielsweise den Zahlungsverkehr direkt an den Online-Handel anzukoppeln. Alphabet, Amazon und Facebook haben ihre Stunde für den Markteintritt erkannt. Aber auch Fin-Tech-Unternehmen treiben einen Keil in das klassische Geschäft der Banken und Sparkassen.

Im Rahmen einer strategischen Analyse stellt man also relativ schnell fest, dass derzeit die Risiken im Umfeld der Finanzindustrie die Chancen deutlich übersteigen. Und der nach innen gerichtete Blick auf die Ressourcen zeigt auch eher Schwächen als Stärken. Und zwar deshalb, weil man bei aller Beschäftigung mit sich selbst das wichtigste vergessen hat: den Kunden! Richtig – da war doch noch etwas: die Kunden, die bereit sind bzw. waren, etwas zu bezahlen für gute Leistung. Früher sagten Kunden noch: für gute Betreuung. Aber diese wurde ja weitestgehend abgeschafft und durch Verabreichung konfektionierter Produkte ersetzt. Bei den Versicherungen waren Transaktionsgeschäfte schon immer gelebte Praxis. Aber bei den Banken und Sparkassen wurden die Kunden erst mit

Beginn des Jahrtausends von der Nabelschnur der Beratung abgeschnitten. Seitdem sind viele Kunden wie Odysseus auf hoher See unterwegs und suchen immer wieder einen Hafen. Mal wird der ehemalige Betreuer angesprochen, der aber nicht mehr beraten darf. Mal sucht man eine Online-Bank auf, um es dann eben einmal selbst zu probieren – so wie bei der Selbstmedikation auch. Oder man sucht nach einem unabhängigen Finanzmakler, der dann aber häufig einer nicht ganz so unabhängigen Organisation (MLP, DVAG…) angehört. Letzte Chance – zumindest in der Anlageberatung: eine von der Bundesanstalt für Finanzdienstleistungsaufsicht lizenzierte Vermögensverwaltung. Derartige Institute haben es sich gerade zum Ziel gesetzt, Beratungs- und Betreuungsleistung auf Basis einer Vermögensverwaltungsvollmacht zu erbringen. Die Wahl bzw. Nutzung von Produkten steht hier in der Wertschöpfungskette vergleichsweise weit hinten und dient primär der gezielten Allokation von Assetklassen, um damit einen Performancebeitrag zu leisten.

Da wir in Deutschland aufgrund der Bevölkerungsentwicklung keinen Wachstums-, sondern eher einen Kontraktionsmarkt vorfinden, muss sich – wohl oder übel – die gesamte Branche um bereits verteilte Kunden mühen. An dieser Stelle beginnt es nun spannend zu werden, denn bei diesen Bemühungen zählt die Gegenwart und die Zukunft, nicht die Vergangenheit. Zwei Stoßrichtungen sind dabei möglich: einerseits die bereits genannten Odysseus-Seefahrer einzufangen und ihnen eine neue Heimat zu geben. Andererseits muss es gelingen, Kundenwanderungen auszulösen. Dies kann man sich z. B. im Rahmen von Filialschließungen vorstellen, die bei Konkurrenzinstituten stattfinden. Eine wesentlich effizientere Form ist es freilich, wenn es aufgrund einer klaren Marktstrategie gelingt, ausgewählte Betreuer samt ihrer Kunden von der Konkurrenz abzuwerben.

Als Zwischenfazit lässt sich für Banken und Sparkassen festhalten, dass der Markt für Finanzdienstleistungen und deren Kunden extrem aufgewühlt ist. Große Bankhäuser wie die Deutsche Bank und die Commerzbank sind dabei, die Entwicklung mit Konzentrationsbewegungen in den Regionen zu beantworten. Außerdem muss der Flurschaden, den das Investmentbanking in den zurückliegenden Jahren angerichtet hat, aufgearbeitet und kompensiert werden. Ob in einer solchen Phase die Ressourcen ausreichen, um die jeweiligen Kundenbindungen zu revitalisieren, erscheint fraglich. Im Gegensatz dazu stehen die Volks-/Raiffeisenbanken und die Sparkassen besser positioniert da, zumindest dort, wo Filialen nicht so massiv geschlossen werden, dass die relative Nähe zum Kunden noch erhalten bleibt.

Im Weiteren werden wir uns nun auf die Sparkassen und deren Gesamtorganisation DSGV (Deutscher Sparkassen- und Giroverband) konzentrieren. These der vorliegenden Arbeit ist es, dass jenseits aller Einzelkriterien die Zukunftsfähigkeit deutscher Sparkassen das zentrale Element für den Erfolg in der Finanzindustrie ist. Es stellt sich also die darwinistische Frage, welche Institute künftig überleben und welche tendenziell ausselektiert werden. Kevin Specht ist ein ausgewiesener Kenner der Sparkassenwelt. Er identifiziert Eigenschaften, welche Sparkassen zukunfts- und damit überlebensfähig machen. Einige davon liegen im Spannungsfeld von Tradition und Innovation. Kevin Specht skizziert ein sparkassenspezifisches Profil, welches den Status quo beschreibt und Raum gibt für weitere Entwicklungen (2. Kapitel).

Kap. 3 taucht einmal mehr in die Binnenorganisation der Sparkassen. Wie verstehen sich Sparkassen vor dem Hintergrund ihrer geschichtlichen Entwicklung, wie versteht sich die Organisation als Ganzes per heute und wo strebt sie unter strategischen Gesichtspunkten hin? Hierzu wurden u. a. auch ein Interview[1] mit dem DSGV, dem Dachverband aller Sparkassen und Chiara Waldenberger, ehemalige Mitarbeiterin einer Sparkasse und Arbeitnehmerin einer Unternehmensberatung durchgeführt und ausgewertet. Die Erkenntnisse betreffen v. a. die Bereiche der Organisationsform von Sparkassen, deren Größe und Geschäftsvolumen sowie deren Markt- bzw. Geschäftsstrategien.

Im Anschluss wird in Kap. 4 eine beispielhafte Gestaltungsidee angeboten, welche den Sparkassen zu noch mehr Innovation verhelfen könnte. Der entsprechende Erfahrungshintergrund ergibt sich durch die Tätigkeit der Autoren in einer Vermögensverwaltungsgesellschaft. Organisationstheoretisch geht es um die Begriffe Outsourcing und Kooperation. Die Empfehlung lautet: Filialen in der Fläche mit einer Basisorganisation erhalten. Diese kann und soll das klassische Angebot für das Retail-Klientel zur Verfügung stellen. Darüber hinaus gehende Spezialbetreuung ist entweder zu zentralisieren (z. B. Immobiliencenter) oder in Kooperation mit Partnern abzubilden (z. B. Vermögensverwaltung). Aufgrund des notwendigen Know-how für eine Vermögensverwaltung ist es extrem unrealistisch, diese überall, oder auch zentralisiert anzubieten. Hier macht es aus Sicht der Autoren wesentlich mehr Sinn, eine Kooperation mit ausgewählten Vermögensverwaltungen in der Region einzugehen. Entscheidend für den Erfolg einer solch innovativen Lösung ist sicher die Ressource „Vertrauen". Ohne wechselseitige Wertschätzung bzw. entsprechende Vertrauensbeziehungen kann ein solches Projekt nicht funktionieren.

---

[1]Die Interviews erfolgten auf Basis eines schriftlichen Fragebogens. Die Ergebnisse sind im Nachfolgenden mit Experteninterview A für den DSGV und Experteninterview B für Chiara Waldenberger gekennzeichnet.

1 Auch Sparkassen im Dilemma der Finanzindustrie

Wir sehen in der Beratungskompetenz die eigentliche Chance für beide Seiten. Dort, wo die Sparkasse aufgrund ihrer Flächenstruktur keine oder nur wenig Kompetenz hat, ist es glaubwürdiger, mit der Kompetenz eines Experten zu reüssieren statt den Kunden potenziell zu verlieren. Der Denkschritt ist letztlich auch so weit nicht, denn das Fondsinstitut der Sparkassen, die Deka, wird ja gegenüber den vermögenden Kunden auch als Vermögensverwalter empfohlen. Allerdings eben „nur" als Produktgeber/Produzent und nicht als Betreuer. Wenn die hier skizzierte Denkhaltung als innovatives Branchenmuster erkannt wird, kann für alle Beteiligten ein Mehrwert entstehen: für den Kunden aufgrund der professionellen Betreuung und der dadurch entstehenden Zufriedenheit, für die Sparkasse aufgrund der Tatsache, dass sie einen anspruchsvollen Kunden der Vermögensanlage nicht verliert und der Vermögensverwalter aufgrund einer zusätzlichen Nutzung seiner Expertise mit entsprechender finanzieller Kompensation.

Attribute zukunftsfähiger Unternehmen

2

Die Zukunftsfähigkeit eines Unternehmens ist maßgeblich von dessen Eigenschaften abhängig. Dabei bedarf es einer Identifikation der bereits vorhandenen Fähigkeiten und der zur Verfügung stehenden Ressourcen. Anschließend lassen sich in einer Gegenüberstellung fehlende Attribute bestimmen.

Je länger ein Unternehmen am Markt etabliert ist, desto festgefahrener sind dessen Strukturen und dessen Organisation. Im Mittelpunkt der Geschäftstätigkeit stehen die Ausweitung der Gewinne und die Verbesserung der Rentabilität. Dabei werden wichtige Faktoren zukunftsfähiger Unternehmen wie flexibles und proaktives Handeln, sowie das Bedienen von Kundeninteressen immer mehr vernachlässigt. Dies führt dazu, dass das Unternehmen nicht mehr zukunftsfähig ist (Arz und Fischer 2016, S. 28). Hier sind die deutschen Sparkassen anzusiedeln.

Die Evolutionsökonomik setzt sich für eine Dezentralisierung der Unternehmen ein. Am Markt kann nur dann Wissen, und in einem weiteren Schritt Evolution entstehen, wenn die agierenden Unternehmen im Wettbewerb zueinanderstehen (Herrmann-Pillath 2011, S. 199). Dezentrale Konzernstrukturen können durchaus als innovativer, als zentrale Modelle, eingestuft werden. Dies liegt vor allem an der Flexibilität und den nicht bestehenden Genehmigungsprozessen (Cantner 2011, S. 204).

2.1 Evolution vs. Konstanz

Gemäß der Evolutionstheorie sind die Grundvoraussetzungen von Evolution, und damit die fortschreitende Entwicklung, die einzelnen Individuen und deren Vielfalt. Im Gegensatz dazu besteht die klassische Wirtschaftswissenschaft aus Modellen, die auf einem homogenen Gleichgewichtssystem und rationalem Verhalten basieren. Die Komplexität der heutigen Märkte stellt die bekannten Theorien mehr denn je infrage.

Das Verständnis für einzelne Unternehmen kann nicht über allgemeingültige Modelle erlangt werden, sondern muss über Beobachtungen und Gruppierungen erfolgen (Herrmann-Pillath 2011, S. 193 ff.). Das rationale Handeln des Homo Oeconomicus ist allerdings nur bedingt vorhanden und wird vielmehr durch emotionale und kognitive Faktoren geprägt (Daxhammer und Facsar 2012, S. 76). Eine Studie wies diese Abweichung zum Homo Oeconomicus nach (Wahren 2009, S. 45 f.). Damit zeigt sich eine Divergenz zur klassischen Wirtschaftswissenschaft als durchaus gerechtfertigt. Entscheidungen unter Risikogesichtspunkten entstehen nach heutigem Wissen nach der Prospect Theory (Kahnemann und Tversky 1979, S. 279) von Daniel Kahnemann und Amos Tversky (Wahren 2009, S. 73). Daraus lässt sich ableiten, dass risikobehaftete Entscheidungen nur schwerlich getroffen und auf eintretende Risiken falsch reagiert werden. Dies hat einen großen Einfluss auf die Innovation. Der Antrieb von Evolution besteht aus einer Balance von induktiver und deduktiver Ausrichtung (Kirsch et al. 2010, S. 88 f.). Für die Sparkassen stellt sich die Frage, inwieweit ein Unternehmen den Veränderungsprozess vorantreiben, aber gleichzeitig an bestehenden Eigenschaften festhalten soll.

Als grundlegende Notwendigkeit der evolutionären Entwicklung gilt es, die Konkurrenz zueinander und die Kooperation miteinander zu diskutieren. Eine Kooperation bündelt die Stärken der Unternehmen, erweist sich als kostengünstig für die Organisationen, kann letztendlich aber auch zu einer stagnierenden Weiterentwicklung führen (Otto 2011, S. 21). Als oberste Motive der Kooperation sind die Schonung und die Gewinnung von Ressourcen aufzuführen und damit vor allem folgende Punkte zu nennen: Know-how, Human Resources, Risikotragfähigkeit, Neukundengewinnung, Senkung von Markteintrittsbarrieren (Hausschildt und Salomo 2011, S. 160 ff.). Ernst & Young untermauerte mit ihrer Studie Kreditgeschäft 2.0, dass Banken auf den Wettbewerb tendenziell mit Kostensenkungen reagieren und weniger bereit sind, durch Innovationen oder Kooperationen auf die gestiegenen Anforderungen zu reagieren (Ernst & Young 2015, S. 5). Im Sparkassensektor, so eine Umfrage, rechnen 88 % mit Fusionen in den kommenden Jahren, und 81 % gehen von einer Zentralisierung von Aufgabenfeldern und der Verschmelzung von Verbänden aus. Vor allem die unterschiedlich agierenden Verbände sorgen bei den deutschen Sparkassen für ein langsameres Voranschreiten (Terliesner 2016, S. 13 f.).

Das weltweite Finanzsystem hat sich über Jahre hinweg fast unbeirrt vermehrt und ausgebreitet. Dabei verfolgten die Unternehmen lediglich das Ziel des ewigen Wachstums. Banken sind in Gänze ein wichtiger Wirtschaftsfaktor. Sie müssen sich deshalb auf die notwendigen Prozesse fokussieren. Diese Eindampfung führt zwangsläufig zu einer Qualitätssteigerung der einzelnen, dann noch bestehenden Prozesse und keiner Quantitätsausweitung der Dienstleistungen, wie sie

2.1 Evolution vs. Konstanz

vor der Finanzkrise vorzufinden waren (Otto 2011, S. 28). Das Auslagern gewisser Geschäftsfelder (Outsourcing) an Spezialisten schafft die Möglichkeit, sich auf die Kernunternehmungen zu konzentrieren (Scholtissek 2007, S. 33 f.). Durch diese strategische Entscheidung erzielt ein Unternehmen sowohl Kosteneinsparungen, als auch eine qualitative Verbesserung des ausgelagerten Bereichs (Dreher und Kinkel 2007, S. 103). Hier bieten sich beispielsweise Kooperationen mit regionalen Vermögensverwaltungsgesellschaften an. Zu beachten sind auch mögliche Synergieeffekte und in welcher Höhe diese eintreten könnten (Hausschildt und Salomo 2011, S. 160).

Michael Porter sieht auch in einer starken Konkurrenz einen entscheidenden Wettbewerbsvorteil für das Unternehmen, denn diese helfen beim Ausbau der Branche und gleichzeitig erschweren sie den Markteintritt für andere Unternehmen. Er empfiehlt bewusst auf Marktanteile „guter Konkurrenz" zu verzichten und zugleich gemeinsam und gezielt schwache Konkurrenz aus dem Markt zu drängen (Porter 2010, S. 268 f.). Der beschriebene Sachverhalt und die vielen Marktteilnehmer im Bankensektor lassen vermuten, dass dies im aktuellen Marktumfeld nicht zutrifft. Sparkassen sollten vor allem im Bereich Konkurrenz aktiver und aggressiver auftreten.[1] Als Einheit ist auch eine längst überfällige Konsolidierung[2] am deutschen Bankenmarkt zu stemmen.

In der Diskussion über Beständigkeit und damit Konstanz oder Veränderung im Unternehmen, gilt es auch, die Struktur eines Unternehmens und dessen Organisation zu untersuchen. Dieser Prozess dient nicht nur der Identifikation von Verbesserungsmöglichkeiten, sondern auch der Erkennung von bereits funktionierenden Bereichen. In den letzten Jahren hat sich deutlich gezeigt, dass den Banken eine klare Strategie fehlt, welche sich nicht auf die dauerhafte Senkung von Kosten und damit Filialschließungen stützen darf (Henke et al. 2016, S. 29 ff.). Vielmehr sollten Sparkassen ihr Produktangebot analysieren und infrage stellen, ob es genügt, rentable und benötigte Produkte anzubieten und dafür unrentable Geschäftsfelder[3] zu streichen. Dazu zählt auch eine Überarbeitung der Preisstrukturen (Walter 2015, S. 37). In einigen Bereichen wird eine Neustrukturierung

---

[1] Vgl. Expertenbefragung B.

[2] Dirk Müller wies im Zuge der der Stresstests auf zu viele einzelne Institute in Deutschland hin. Vgl. n-tv (2016). Die Aussage ist deshalb wichtig, da Dirk Müller als Chairman im Diplomatic Council im Bereich Fair Finance agiert. Vgl. Diplomatic Council The Global Think Tank (2016).

[3] Nach Michael Porter lohnt es sich, unrentable Felder von der Konkurrenz bedienen zu lassen. Vgl. Porter (2010), S. 271.

benötigt. Für den Prozess der Analyse, dem Erkennen von Handlungsfeldern, den Umsetzungsideen und der Motivation der Mitarbeiter bedarf es gut ausgebildeter Führungskräfte. Jedoch ist es auch von Vorteil, die Mitarbeiter in die Strategiefindung miteinzubeziehen (Henke et al. 2016, S. 29 ff.). An dieser Stelle erfolgt ein Exkurs in die Principal-Agenten-Problematik. Diese besagt, dass eine vom Principal delegierte Aufgabe an den Agenten nicht zwangsläufig nach dessen Vorstellungen umgesetzt wird, sondern vielmehr die Interessen der ausführenden Kraft im Mittelpunkt stehen. Das Verfolgen von Eigeninteressen auf Kosten des Gesamtwohles ist zwingend zu vermeiden. Ein entsprechendes Anreizsystem gilt es zu etablieren (Kiener 1990, S. 19 ff.). Die Unternehmensstrategie oder die Unternehmenspolitik ist in regelmäßigen Abständen zu überprüfen und gegebenenfalls anzupassen. Zentrale Aufgabe muss die Identifizierung von Hauptaufgabenfeldern, die Herausarbeitung einer Zielgruppe und darauf aufbauend die Planung der Unternehmung und deren weitere Entwicklung sein.

Die Umsetzbarkeit der Entscheidungen und eine langfristige Planung gelten als Grundvoraussetzung. Dabei wird sichtbar, dass Beständigkeit und Veränderung eine gewisse Balance darstellen. Gleichzeitig offenbart sich das positive Spannungsfeld zwischen Konstanz und Evolution. Um bestehende Strukturen zu ändern und gefestigt in die Zukunft zu blicken, bedarf es auch dem Willen, diese Prozesse voranzutreiben. Allerdings zeigen Sparkassen hier häufig eine Blockade[4] in ihren eigenen Reihen, die es zu durchbrechen gilt (Terliesner 2016, S. 15). Unüberlegte, hastige und permanente Änderungen führen dazu, dass Mitarbeiter sich schwerlich mit dem Unternehmen identifizieren und damit die Unternehmenskultur ins Wanken gerät, denn diese bilden einen Grundpfeiler für erfolgreich geführte Veränderungsprozesse und damit wettbewerbsfähige Unternehmen (Niederhäuser und Rosenberger 2011, S. 33 f.).

Jede Bankenorganisation ist unterschiedlich aufgestellt und kann verschiedene Fähigkeiten nutzen. Dies ist auch bei der Neuausrichtung der deutschen Sparkasse und deren Strategie zu beachten. Der Blick auf die Konkurrenz erweist sich zunächst als nebensächlich. Die eigenen Ideen, die Umsetzungsgedanken und die notwendigen Ressourcen schafft jedes Institut für sich. Demnach ergibt sich auch für jedes eine eigene Strategie (Henke et al. 2016, S. 31).

---

[4]Widerstand einzelner Entscheidungsträger entsteht häufig dadurch, dass diese Personen ein Eigenin-teresse verfolgen. Vor allem tiefgreifende Wandlungen führen zu einer Behinderung. Vgl. Deeken (1997), S. 156 ff.

2.2 Kundenorientierung und Kundenbedürfnisse

Trotz des Wandels der deutschen Bankenkultur und den damit verbundenen Filialschließungen, ist der Betreuer weiterhin als wichtigstes Beratungsinstrument anzusehen. Das liegt vor allem in der Tatsache begründet, dass die Online-Lösungen standardisiert aufgebaut sind und daher keinen Spielraum für individuelle Bedürfnisse[5] aufweisen (Freese 2016, S. 27). Zu diskutieren ist allerdings die Rolle der Filiale. Diese fiel zuletzt dem gestiegenen Kostendruck des Sparkassenapparats zum Opfer. Der Prozess schien für viele Sparkassen unumgänglich. Ein Umdenken betreffs der weiterhin bestehenden Filialen fand allerdings nicht oder nur begrenzt statt (Berg et al. 2016, S. 32). Eine Untersuchung kam zum Ergebnis, dass Kunden ihr Verhalten stark an die Komplexität der einzelnen Produkte anpassen (Rohrmeier 2015, S. 48 f.). Eine empirische Analyse der FOM für Oekonomie & Management zeigte, dass auch gut ausgebildete Young Professionals noch die Dienste eines Beraters in Anspruch nehmen. Die Quote blieb in den letzten Jahren konstant (Benschet et al. 2016, S. 8). Gegenwärtige Diskussionen über Filialschließungen und Neugestaltungen sind also schlussfolgernd durchaus berechtigt. Es bedarf einer Neuausrichtung des Filialsystems mit einer strikten Orientierung an bestehenden und zukünftigen Kundenbedürfnissen. Hierzu zählt auch die Produktberatung[6], nicht aber der Produktverkauf. Nur so kann eine auf Vertrauen basierende Kundenbeziehung aufgebaut und gefestigt werden (Berget et al. 2016, S. 32). „Vertrauen zwischen Kunde und Bank kann nur durch offene, ehrliche, umfassende, aber auch erfolgreiche Kommunikation und Beratung aufgebaut werden" (Siepmann 2016, S. 33). Eine Studie der Wirtschaftsprüfungsgesellschaft Ernst & Young zeigt allerdings, dass aktuell lediglich 40 % der Kunden ihrer jeweiligen Bank vollkommenes Vertrauen entgegen bringen (Ernst & Young 2014, S. 5). Außerdem besteht das Vertrauen in den Kundenberater und ein bedürfnisgerechtes Gespräch nicht mehr (Henke et al. 2016, S. 30).

Ein Lösungsansatz der hohen Kostenstruktur liegt in der Reduzierung der Kosten durch Prozessoptimierung und Effizienzsteigerung. Emotionslose Routineaufgaben übernimmt dann durchaus ein automatisiertes Computersystem. Menschliche Dienstleister sind allerdings weiterhin gefragt. Dieser Spagat gelingt

---

[5] 45 % der 508 Befragten legten großen Wert auf individualisierte Finanzprodukte bei ihrer Hausbank. Vgl. Bensch et al. (2016), S. 9.

[6] Die Beratung ist in vielen Sparkassen als mangelhaft einzustufen und das obwohl Sparkassen genau dies als Aushängeschild nutzen. Diese Aussage bezieht sich nicht nur auf komplexe Produkte, sondern ist auch bei einfachen Beratungen wahrzunehmen. Vgl. Expertenbefragung B.

in erster Linie durch einen Kundennutzen im persönlichen Gespräch über originelle, individuelle Lösungen. Basis dafür ist ein gegenseitiges Vertrauen und Sympathie (Thomsen 2016, S. 21 f.).

Wie eng die einzelnen Attribute zukunftsfähiger Unternehmen verwoben sind, zeigt die Möglichkeit, Kooperationen mit ortsansässigen Partnern gemeinsam in einem „Dienstleistungszentrum" zu verwirklichen und damit vom gegenseitigen Kundenstrom und Kostensenkungen zu profitieren (Berg et al. 2016, S. 31). Hier ist die Kombination von Kooperation mit einem Spezialisten, einem Vermögensverwalter und einer gleichzeitigen Optimierung der Prozesse anzuführen.

Innerhalb einer Privatkundenstudie gaben 88 % der Befragten an, die persönliche Beratung vor Ort zu schätzen. Verantwortlich dafür ist vor allem der jeweilige Berater. Speziell Sparkassen profitieren von diesem Ergebnis, denn sie heben sich durch die persönliche Beratung von der Konkurrenz ab (Frank und Mihm 2016, S. 36 f.). Für Kunden spielt die Filiale also auch in Zukunft eine wichtige Rolle. Schließlich halten 59 % der Bankkunden eine persönliche Beratung für wichtig (Ernst & Young 2014, S. 10). Voraussetzung bildet allerdings ein neutraler Berater (Rohrmeier 2015, S. 50).

Anpassungen des Filialsystems der Sparkassen sind zwingend notwendig. Hierbei spielen Filialschließungen eine ebenso wichtige Rolle wie die Bildung einer Filialbasis für die kommenden Jahre. Filialschließungen als Reaktion auf den gestiegenen Kostendruck, ohne das Umdenken bei noch bestehenden Zweigstellen, führen zu einer ständigen Überprüfung des Filialsystems und einem anhaltenden Prozess der Zweigstellenreduktion. Dass dieses Vorgehen langfristig schädlich für die Bank ist, zeigt das nachfolgende Ergebnis. 10,5 % der betroffenen Kunden wechseln nach einer Filialschließung die Bank. Der potenzielle Schaden, gepaart mit dem Verlust eines etablierten Akquisitionsmodells, bleibt bei Filialschließungen wohl unberücksichtigt. Die kurzfristige Kostensenkung wird bei der Entscheidung übergewichtet. Vielmehr bedarf es in diesem Bereich einer Ergänzung der etablierten Beratungsmodelle vor Ort über bequeme und schnelle Lösungen über digitale Kanäle. Dann ist der Kunde auch bereit, für die regionale Präsenz und Beratung vor Ort ein entsprechendes Entgelt zu zahlen. Sparkassen müssen demnach nicht als Kostenführer auftreten (Frank und Mihm 2016, S. 37 f.).

Den Kunden in den Mittelpunkt des Handelns zu stellen, ist ein wesentlicher Faktor für erfolgreiche Innovationen. Das sogenannte Preis-Leistungs-Verhältnis oder Kosten-Nutzen-Verhältnis gilt es, weiter zu fokussieren und zudem im Kundeninteresse zu handeln. Ein dauerhafter Austausch mit eigenen oder potenziellen Kunden erweist sich als essenziell. Kunden erwarten die stetige Weiterentwicklung bestehender Konzepte.

2.2 Kundenorientierung und Kundenbedürfnisse

Aufgrund einer Bedarfsabfrage entsteht eine Partnerschaft zwischen Kunde und Bank. Zudem erkennt der Kunde einen Nutzen in den angebotenen Produkten und Dienstleistungen. Als Folge entstehen Vorteile für die Bank in Form von steigenden Umsätzen, Gewinnen, erhöhter Kundenbindung und gestärktes Vertrauen. In einem weiteren Schritt schafft es die Bank, die Stakeholder durch ein erfolgreiches Wirtschaften zu entlohnen (Auge-Dickhut et al. 2015, S. 194 ff.). Stakeholder profitieren direkt vom Erfolg eines Unternehmens (Freeman 2010, S. 53). Das Befriedigen der Stakeholderbedürfnisse spielt eine essenzielle Rolle für einen langfristigen Unternehmenserfolg (Niederhäuser und Rosenberger 2011, S. 84). Darüber hinaus stellt ein Unternehmensgewinn die Grundlage für Innovationen dar (Neumann 2000, S. 16).

Eine Vertrauenskrise[7] ist in der deutschen Bankenbranche allgegenwärtig (Ernst & Young 2014, S. 12). Diesen Problemen sollten sich deutsche Sparkassen stellen, den Kunden wieder in den Mittelpunkt der Beratung rücken, Mitarbeiter qualifizieren und auf den Produktverkauf verzichten. So gelingt es der Sparkasse wieder einen Mehrwert für die Stakeholder zu erzielen. Die Qualität in der Finanzbranche wurde zuletzt vor allem durch regulatorische Anforderungen vorangetrieben. (Freese 2016, S. 28) Gemäß dem Bundesverband Öffentlicher Banken Deutschland (kurz: VÖB) ist auch in den Jahren 2017 und folgende mit diversen regulatorischen Umsetzungen zu rechnen. Beispielhaft ist hier MiFID II zu nennen (Bundesverband Öffentlicher Banken Deutschland 2016, S. 24).

In der Kundenberatung bedeutet der steigende Qualitätsanspruch, eine passende und optimalste Lösung für den Kunden zu finden (Berger und Holl 2015, S. 221). Zu unterscheiden sind die funktionale und technische Qualität. Während die funktionale Qualität die Dienstleistung und damit das Ergebnis an sich betrachtet, beschreibt die technische Qualität die Art und Weise der Leistungserbringung. Für den Kunden spielt die passende Lösung eine übergeordnete Rolle. Studien haben gezeigt, dass der Kunde das Image eines Unternehmens und anderer Marktteilnehmer auf die Produktqualität bzw. die zu erwartende Leistung adaptiert (Güthoff 1995, S. 49 ff.). Hier sollten vor allem Sparkassen aufhorchen.

Die Gründung neuer Unternehmen (z. B. https://www.Fairr.de GmbH) (https://www.Fairr.de GmbH 2016), mit dem Hintergrund transparente und kostengünstige Alternativen zu den Bankprodukten zu bieten, zeigt allerdings auch, dass die

---

[7]Die Finanzbranche hatte mit einem Einbruch an Vertrauen und gleichzeitig einem Anstieg der Unsicherheit zu kämpfen. Dies führe neben weiteren Effekten zu einer Steigerung der Risikofaktoren und schlussendlich zu einer Eintrübung der gesamten Stabilität. Vgl. International Monetary Fund (2016), S. 1.

etablierten Finanzinstitute an dieser Stelle nachjustieren müssen, denn eine offene und ehrliche Kommunikation der Produktspezifikationen und deren Ausrichtung im Kundeninteresse ist ebenfalls ein Qualitätsmerkmal (https://www.fairr.de GmbH 2016).

Der Gedanke an eine höhere Qualität in der Kundenberatung knüpft an die Ausführungen zur Kundenorientierung an.

2.3 Mit Flexibilität und Wandlungsfähigkeit zum Wettbewerbsvorteil

Wandlungsfähigkeit und langfristige Unternehmensplanung schließen sich nicht aus. Sie sorgen gemeinsam für einen andauernden Unternehmenserfolg. Finanzintermediäre handeln allerdings mit einer geringen Weitsicht, ungeduldig und für das Unternehmen und die Mitarbeiter nicht nachhaltig (Glänzer 2011, S. 44 f.).

Unternehmen stehen immer mehr der Aufgabe gegenüber, Veränderungsprozesse rasch wahrzunehmen und das Gesamtunternehmen daran anzupassen. Das liegt an einer dauerhaft ansteigenden Komplexität sowie immer schnelleren Marktänderungen und damit verbundenen variierenden Bedürfnissen (Blecker und Kaluza 2005, S. 2 f.). Eine fixe Reaktionszeit auf veränderte Marktbedingungen genügt nicht. Vielmehr gilt es, im Voraus eigenständig Lösungswege zu definieren, Risiken aufzudecken und diese zu bewerten (Armos et al. 2010, S. 13 ff.). Flexibilität beruht auf proaktiven Handlungen. Nur dann kann die Wandlungsfähigkeit eines Unternehmens fruchten und im besten Fall einen Wettbewerbsvorteil generieren (Blecker und Kaluza 2005, S. 2 f.). Wandlungsfähigkeit ist demnach eine Art Evolution (Burmann 2005, S. 30 f.).

Entscheidungsprozesse basieren häufig auf vereinfachten Modellen und allgemeinen Annahmen. Unternehmen sind aber individuell und durch eigene Einflussfaktoren geprägt (Armos et al. 2010, S. 13 ff.).

Wandlungsfähigkeit zeigt eine hohe Abhängigkeit von den Entscheidern. Diese sehen sich grundsätzlich der Frage ausgesetzt, ob sie sich dem Wandel stellen oder nach bekannten Mustern handeln und damit Veränderungen nicht zulassen (Petersen 2011, S. 27).

Ein zukunftsfähiges Unternehmen erweist sich in kürzester Zeit als anpassungsfähig und kann sich den Gegebenheiten am Markt anpassen (Nassehi 2008, S. 16). Dies kann allerdings nur dann reibungslos vonstattengehen, wenn das Unternehmen eine funktionierende Organisationsstruktur mit bevollmächtigten Entscheidungsträgern aufweist. Ein zeitintensiver Entscheidungsapparat verlangsamt die Reaktionszeit des Unternehmens. Die Lösung findet sich entweder in einer despotischen Unternehmensführung oder in der Handlungsbefugnis einzelner Personen ohne langwierige Rücksprache und Entscheidungsprozesse (Nassehi 2008, S. 16).

Die langfristige Unternehmensplanung unter Berücksichtigung möglicher zukünftiger Veränderungen wird als „Entwicklungsflexibilität" bezeichnet. Im Spannungsfeld von aktueller Ausrichtung und in der Zukunft liegender Anforderungen und Herausforderungen erfolgt eine Neuausrichtung der Unternehmung auf gesamter Ebene. Dies impliziert schon heute eine langfristige Unternehmensplanung unter Beachtung interner und externer Veränderungsprozesse und sichert damit einen nachhaltigen Unternehmenserfolg und gleichzeitig die Sicherung der Existenz (Horstmann 2011, S. 41 f.).

Aufgrund der beschriebenen Charakteristika lassen sich reaktive Schließungsprozesse von Zweigstellen nicht der „Entwicklungsflexibilität" zuordnen. Das veränderte Kundenverhalten und die Anforderungen der Kunden im Zeitalter der Digitalisierung wurde schlichtweg nicht erkannt und floss damit nicht in vergangene Strategieentscheidungen mit ein.

Darüber hinaus bedarf es einer strukturierten Entscheidungsfindung. Dies kann über vorgefertigte Pauschalstrategien erfolgen, welche in dieser Form rational und ohne Berücksichtigung der aktuellen Unternehmenssituation oder Emotionen angewandt werden. Durch diese Musterlösungen, die einer langfristigen, weil im Vorfeld überdachten Ausrichtung des Unternehmens gleichzustellen sind, gelingt dem Entscheidungsträger die Sicht auf das Unternehmen aus der Vogelperspektive. Somit vermeidet das Unternehmen, Aktionen zu über- oder unterbewerten und schließt damit gesteigerten Optimismus und überzogene Verlustaversion aus. Gleichzeitig legt die Unternehmensführung den Grundstein einer nachhaltigen Unternehmensführung und vermeidet kurzfristige und damit eventuell schädliche Gewinnmaximierung (Kahnemann 2014, S. 418 f.).

Ein Unternehmen kann sich demnach durchaus kurzfristig flexibel sowie wandlungsfähig und trotzdem langfristig ausrichten.

2.4 Innovationen als Triebfeder zur Zukunftssicherung

Innovationen sind Änderungen und Anpassungen in jeder möglichen Unternehmensebene durch originelle, neuartige und umsetzbare Ideen, die in dieser Form für das Unternehmen eine Weiterentwicklung vom Status quo bedeuten und zusätzlich einen Nutzen schaffen. Sie gewährleisten die Zukunftsfähigkeit eines Unternehmens und führen zu einem Wettbewerbsvorteil.

Im Grunde baut ein geplanter Innovationsprozess darauf auf, Veränderungen wahrzunehmen und Entwicklungen zu erkennen. In einem weiteren Schritt ist zu prüfen, welche dieser Beobachtungen umgesetzt werden können, um letztendlich ein rentables Geschäftsfeld zu bilden (Horx et al. 2007, S. 64 f.). Unternehmen benötigen neben Ideen ein ökonomisches und sozialwissenschaftliches Verständnis, um Innovationen erfolgreich umzusetzen (Brem und Vahs 2015, S. 2). Ideen entwickeln sich oftmals aus der Situation oder Intuition heraus, basieren aber immer auf den Vorkenntnissen, der Ausbildung und den Fähigkeiten des Ideengebers (Disselkamp 2012, S. 18). Zur Verwirklichung und Erlangung neuer Ideen bedarf es dem Dürfen, Können, Machen und Wollen jedes Mitarbeiters, der Führungskräfte und der Unternehmensleitung sowie deren Interaktion (Disselkamp 2012, S. 61).

Die Zufriedenheit der Mitarbeiter spielt im täglichen Arbeitsumfeld eine wichtige Rolle. Gemäß dem Gallup „Engagement Index" in Deutschland weisen 16 % der Angestellten eine hohe emotionale Bindung zum Arbeitgeber auf. Dieser Anteil ist maßgeblich für den Unternehmenserfolg verantwortlich. Alleine in Deutschland beziffert Gallup finanzielle Auswirkungen in Höhe von 76 bis 99 Mrd. EUR durch Mitarbeiter, die sich ihrem Arbeitgeber nicht emotional verbunden fühlen (Gallup 2016, S. 1).

Die Verantwortlichen haben die Aufgabe, einen Wandel in den eigenen Reihen anzustoßen und für eine neuartige Kultur zu sorgen. Dies beinhaltet insbesondere für Sparkassen, Ideen aus dem Verband ernst zu nehmen und umzusetzen oder den Verband als Instanz zu etablieren, der Änderungen auf der gesamten Sparkassenebene erarbeitet und in einem weiteren Schritt gemeinsam mit allen Sparkassen realisiert (Burgmaier und Hüthig 2015, S. 111 f.).

Grundlage für kreative und originelle Ideen ist im Allgemeinen der Aufbau des Unternehmens (Corsten et al. 2006, S. 48). Dabei lassen sich folgende Punkte anführen:

„Kommunikationsstruktur"
Die Teilhabe von Mitarbeitern an jeglichen Informationen ist von Vorteil, wenngleich nicht alle Informationen Transparenz erfordern (Disselkamp 2012, S. 76). Als ebenfalls relevant erweist sich eine zweigleisige Informationsstruktur, in welcher Informationen sowohl von der Unternehmensleitung an die Angestellten, als auch umgekehrt erfolgen (Corsten et al. 2006, S. 50). Die Kommunikation mit Außenstehenden, beispielsweise Kunden, sollte in der Kommunikationsstruktur beachtet werden. Sie bietet die Möglichkeit, das Unternehmen zu präsentieren und das Bild des Unternehmens in der Öffentlichkeit zu malen (Niederhäuser und Rosenberger, 2011, S. 84).

2.4 Innovationen als Triebfeder zur Zukunftssicherung

„Standardisierung"
Eine Auseinandersetzung mit unbekannten Problemen oder Themenfeldern wird gemieden je detaillierter Arbeitsabläufe und Tätigkeitsfelder festgezurrt sind (Corsten et al. 2006, S. 49). Das grundsätzliche und offenere Definieren von Richtlinien ist durchaus sinnvoll (Hausschildt und Salomo 2011, S. 41).

„Zentralisierung"
Eine flache Hierarchie und damit eine hohe eigenmächtige Entscheidungsbefugnis bzw. kurze Abstimmungswege erweisen sich für Innovationen vorteilhaft (Corstenet et al. 2006, S. 49). Ergänzend hierzu empfiehlt sich eine zentrale Abteilung, die sich mit dem Thema Innovationen beschäftigt, als Ansprechpartner und Realisator dient und über ausreichende Kompetenzen verfügt, Ideen zu prüfen und umzusetzen (Hausschildt und Salomo 2011, S. 161).

„Alter des Unternehmens"
Unter Abgleich des Unternehmens- und Branchenalters kann gezeigt werden, wie etabliert das Unternehmen am Markt ist. Zum einen zeigt das Unternehmen damit, wie resistent es sich am Markt beweisen konnte und damit flexibel auf Veränderungen reagierte. Auf der anderen Seite kann ein älteres Unternehmen durch jüngere Unternehmen neue Impulse erhalten (Brem und Vahs 2015, S. 77 f.).

„Finanzielle Ressourcen"
Mit ausreichend finanziellen Mitteln hat die Unternehmung die Möglichkeit, Ideen zu sammeln, zu prüfen und entsprechend umzusetzen (Brem und Vahs 2015, S. 81).

„Unternehmensgröße"
Hier ist eine Mitarbeiteranzahl von mindestens 1000 Beschäftigten anzuführen. Die Vorteile sind vor allem auf die zur Verfügung stehenden Ressourcen und die Attraktivität für Kooperationen zurückzuführen (Brem und Vahs 2015, S. 83).

Innovationen führen zur Gewinnung von Marktanteilen, einem Vorantreiben technologischer Fortschritte und letztendlich einer Steigerung der Unternehmensgewinne. Damit einhergehend baut das Unternehmen Marktanteile aus und wächst. Dies wiederum hat zur Folge, dass das Unternehmen den Pfad der Dezentralisierung verlassen und zu einem Schwergewicht heranwachsen kann. Der Betrieb verliert seine Flexibilität. Aus Sicht der unterlegenen Unternehmen entsteht nun der Vorteil, selbst Innovationen vorantreiben zu können. Das beschriebene Schema startet von vorne. Es kann also als Herausforderung angesehen werden, dauerhaft innovativ und damit Marktführer zu sein (Cantner 2011, S. 204 ff.). Hierzu bedarf es auch einer Positionierung als Kostenführer oder Nutzenführer. Während der Kostenführer ein geringes Angebot aufweist und damit Produkte und Dienstleistungen kostengünstig anbietet, etabliert sich der Nutzenführer über ein größeres Angebot, gepaart mit einer erhöhten Qualität (Disselkamp 2012, S. 33). Das beschriebene Szenario ist unter dem Namen „Schumpeter I" bekannt und skizziert negative Skaleneffekte. Eine Monopolisierung des Bankensektors ist auszuschließen. Vielmehr kann von einer Koexistenz ausgegangen werden (Cantner 2011, S. 202 ff.). Dies zeigt allerdings auch, dass die deutschen Sparkassen der Gefahr ausgesetzt sind, ihre Stellung als Marktführer zu verlieren, denn anhaltender Erfolg gelingt nur durch ständige Innovation (Disselkamp 2012, S. 12). Zukunftsfähige Unternehmen bilden die Basis für Innovationen und umgekehrt tragen Innovationen ebenso zur Zukunftssicherung eines Unternehmens bei.

Sparkassen von gestern vs. Sparkassen von morgen 3

3.1 Historische Entwicklung und Status quo der Sparkassen

Vor rund 200 Jahren begann die einst erfolgreiche Sparkassengeschichte. Die dezentral ausgerichteten Institute boten Bankgeschäfte für jedermann an. Als Hauptmotiv der Sparkassengründung galt der Schutz vor Armut. Den Gründern kann durchaus eine uneigennützige Moralvorstellung nachgesagt werden. Bürger mit geringem Einkommen bekamen die Möglichkeit, Geld zu sparen und erhielten dafür den Schutz ihres Kapitals und eine Verzinsung. Das Sparkassenbuch war geboren. Vor allem ab der ersten Hälfte des 20. Jahrhunderts halfen Sparkassen durch Kreditgewährungen an Mittelständler und Kommunen, die wirtschaftliche Entwicklung voranzutreiben. Dabei hatten sich Sparkassen auf die Fahne geschrieben, Kredite zu bezahlbaren Konditionen auszugeben und damit gleichzeitig den damaligen Zinswucher zu bekämpfen.

Sparkassen gediehen immer mehr zum Allfinanz-Institut. Damit stieg auch der Einfluss. Diesen nutzten die Verantwortlichen, um sich im Rahmen der Vermögensbildung für Bürger mit kleinem und mittlerem Einkommen einzusetzen. Mit dem Vermögensbildungsgesetz erreichten die Sparkassen ihr Ziel einer staatlichen Förderung für Sparer.

Zusammenfassend lässt sich sagen, die erste Sparkasse entstand durch Moral und Tugend.

Dabei gilt es zu beachten, dass Sparkassen mit ihren Handlungen das Interesse des Volkes vertraten, sich politisch für die „Schwachen" einsetzten und trotzdem eine Vorreiterrolle in Bankgeschäften einnahmen (Deutscher Sparkassen- und Giroverband 2010, S. 2 ff.). Die Sparkassen handelten – erfolgreich – im Spannungsfeld von Ökonomie und den Werten des ehrbaren Kaufmanns.

Heute erwirtschaftet die Sparkassenorganisation einen höheren Gewinn nach Steuern als der Branchenprimus Deutsche Bank. Zurecht stellt sich die Frage, ob die Sparkassen die unegoistische Moral abgelegt und begonnen haben, das Eigeninteresse über das Gemeinwohl und Kundeninteresse zu stellen. Darunter fällt auch das Belangen von Einzelpersonen.[1] Es sollte ebenfalls nachgefragt werden, wie tief gehend die einst so ehrbaren Beweggründe noch in der Sparkassenorganisation verwurzelt sind.

Die Entwicklung von Ist zu Soll ist ein Prozess und nicht ad hoc in Gänze umzusetzen (Glazinski 2004, S. 41). Führungskräfte auf jeder Ebene treten als Kontrollinstanz auf und können auf die Unterschiede zwischen Soll- und Istzustand reagieren. Weiterhin steuert das Management den gesamten Änderungsprozess (Brem und Vahs 2015, S. 25).

Der Trend zur Verschlankung des Filialsystems kann im Sparkassensektor beobachtet werden. Der Abbau von Mitarbeitern erfolgt allerdings nicht im selben Maß wie der Abbau an Zweigstellen. Von 1991 bis 2015 kürzten die Sparkassen die Filialen um 39,80 %. Es wurden allerdings nur 16,93 % der Mitarbeiter entlassen. Dies hat zur Folge, dass nach wie vor ca. 42 % der erzielten Überschüsse notwendig sind, um den Kostenblock Personalaufwand zu stemmen. Auf gesamter Sparkassenebene betrug dieser im Geschäftsjahr 2015 12,85 Mrd. EUR (DSGV 2016, S. 37).

These 1: Führende Unternehmen erwirtschaften ca. die Hälfte des Jahresumsatzes mit Dienstleistungen und Produkten, welche weniger als fünf Jahre am Markt sind (Disselkamp 2012, S. 16).

Bei den deutschen Sparkassen stimmt dieses Verhältnis nicht. Im Dienstleistungssektor ist es durchaus üblich, dass die Aufwendungen im Bereich der Innovationen geringer ausfallen. Nichtsdestotrotz stimmt der DSGV einer positiven Korrelation zwischen erfolgreich umgesetzten Innovationen und einem erhöhten Jahresumsatz zu.[2]

Der größte Block an erwirtschafteten Überschüssen ist dem Geschäftsfeld der Kundeneinlagen und Kreditvergabe zuzuordnen. Der Großteil der Erträge entsteht durch etablierte Produkte, welche lediglich in ihrer Ausgestaltung, das heißt in

---

[1] Darunter ist auch die Blockade einzelner Entscheidungsträger zu verstehen, welche einer Weiterent-wicklung der gesamten Sparkassenorganisation im Wege steht. Vgl. Expertenbefragung A.
[2] Vgl. Expertenbefragung A.

Tab. 3.1 Auswirkungen des Niedrigzinsumfeldes. (Quelle: Eigene Darstellung)

Jahr	2015	2016	2017	2018	2019
Zinsüberschuss in Mrd. Euro	23,01	21,86	20,71	19,56	18,41
Jahresüberschuss vor Steuern in Mrd. Euro	6,60	5,45	4,30	3,15	2,00

ihrer Konditionsstruktur, angepasst sind. Sparkassen haben ihr Angebot immer wieder über die eine oder andere Stellschraube im Kundensinne angepasst.[3] Zudem schätzen Kunden die etablierten Bankprodukte und die Transparenz, die damit verbunden ist.[4] Erträge aus neuen und auch innovativen Produkten erzielt die Sparkasse ebenfalls, jedoch nicht in einem entscheidenden Ausmaß.

Wie wichtig der Gewinn für Sparkassen ist, zeigt die Tatsache, dass 36 % der Banken mit einer Kapitalerhöhung auf die aktuellen Marktbedingungen und regulatorischen Anforderungen reagieren. Eine solche Maßnahme ist aufgrund der öffentlich-rechtlichen Ausgestaltung der Sparkassen nicht möglich. Hier muss über die Thesaurierung von Gewinnen gearbeitet werden (Ernst & Young 2015, S. 12).

Für die Sparkassen besteht eine enorme Abhängigkeit von den Zinsüberschüssen, wenngleich zu erkennen ist, dass diese in den letzten Jahren an Bedeutung verloren hat und gleichzeitig die Erträge anderer Geschäftsfelder gestiegen sind. Die beschriebene Situation kann zunehmend auf das aktuelle Niedrigzinsumfeld zurückgeführt werden und damit einhergehend auf die gesunkenen Margen (Drescher et al. 2016, S. 1 f.). Dies hat für die Sparkassen eine fatale Auswirkung. Im Geschäftsjahr 2015 erzielten die deutschen Sparkassen ein Zinsergebnis von 2,00 % zur Bilanzsumme von 1145,39 Mrd. EUR.

Eine Umfrage zeigt, dass 90 % der Banken die aktuellen Niedrigzinsen als großen Problemfaktor identifizieren (Ernst & Young 2015, S. 5). Bis 2019 rechnet die Deutsche Bundesbank mit einer Einbuße von ca. 20 % aus dieser Ertragsquelle (Drescher et al. 2016, S. 1 f.). Bei linearem Rückgang des Zinsüberschusses, gleichbleibenden Kosten und stagnierenden Erträgen aus den weiteren Geschäftsfeldern, entwickelt sich der Jahresüberschuss vor Steuern rückläufig. Somit bleibt weniger Gewinn zur Anhebung der Kapitalanforderungen und Stärkung der Eigenkapitaldecke. Gleichzeitig zeigt die nachfolgende Aufstellung (siehe Tab. 3.1: Auswirkungen des Niedrigzinsumfeldes), dass ebenso Gelder für die Entwicklung von Innovationen schwinden:

---

[3]Vgl. Expertenbefragung A.
[4]Vgl. Expertenbefragung B.

Die Entwicklung der Erträge und des erwirtschafteten Jahresüberschusses zeigt, dass die Produkte und Dienstleistungen der deutschen Sparkassen akzeptiert und nachgefragt sind. Sie sichern damit zunächst das Fortbestehen der Sparkassen.[5]

Es scheint so, als ob die deutschen Sparkassen im Umfeld eines weit entwickelten Produktspektrums agieren. Es gab keine Innovationen auf Basis der Kundenbedürfnisse. Sparkassen reagieren auf die abnehmenden Erträge mit dem beschriebenen Filialschließungsprozess, um Kosten zu sparen und damit die Erträge aufrecht zu halten. Jedoch bekämpfen sie damit die Symptome und nicht die Ursachen. Sparkassen sind in der aktuellen Ausgestaltung nicht den unter These 1 beschriebenen Unternehmen zuzuordnen.

Es gilt daher, in einem weiteren Schritt Anpassungen in der Struktur und Organisation aufzudecken. Eine Neuausrichtung der Sparkassen in Form einer Strategieanpassung lässt sich nur über eine maßgeschneiderte Organisationsstruktur erreichen (Deeken 1997, S. 80).

Den Sparkassensektor betrifft nicht die Problematik „too big to fail", sondern vielmehr „too small to survive". Aus diesem Grund und aus aktuellem Anlass erfolgt in einem ersten Schritt die Untersuchung des Zusammenhangs zwischen dem Bilanzgewinn der Sparkassen und deren Mitarbeiteranzahl.

These 2: Ein innovatives und zukunftsfähiges Unternehmen benötigt eine Mitarbeiteranzahl von mindestens 1000 Beschäftigten (Brem und Vahs 2015, S. 83).

Als Datenbasis wurden die Bilanzgewinne und die Anzahl an Mitarbeitern der 416 Sparkassen für das Geschäftsjahr 2014 ermittelt. Da die Größe der Sparkassen gemessen an deren Bilanzsumme beträchtlich divergiert, ist die Datenerhebung bzw. Selektion so gewählt, dass eine Aussage für das Gros der Sparkassen getroffen werden kann. Durch eine Datenbasis-Studie der Geschäftsberichte, Offenlegungsberichte und der Sparkassenrangliste konnten zu den gesetzten Kriterien jeweils 416 Datensätze bestimmt werden.

Um eine spätere Aussage über den Einfluss der Mitarbeiter auf den Bilanzgewinn der Sparkassen treffen zu können, ist es notwendig, zunächst zu erforschen, inwieweit sich diese untereinander unterscheiden und ob sie eine lineare Beziehung aufweisen.

Insgesamt können 208 der 416 Datensätze bestimmt und der Statistiksoftware R zur Verfügung gestellt werden. Diese Menge wurde als entscheidender Bestandteil der deutschen Sparkassen identifiziert. Die jeweils größten und kleinsten Sparkassen wurden eliminiert, da diese nicht die Menge repräsentieren.

---

[5]Vgl. Expertenbefragung B.

Um den Zusammenhang von Variablen zu modellieren, findet die lineare Regression Anwendung. Sie erklärt eine lineare Beziehung zwischen dem Regressand und einem oder mehreren Regressoren (Dreger et al. 2011, S. 11). Beim Regressand handelt es sich um die zu erklärende Variable, beim Regressor um eine oder mehrere erklärende Variablen (Dichtl et al. 2008, S. 215).

Bei einem Regressionsmodell handelt es sich um Schätzungen. Dieses muss überprüft und auf Signifikanz getestet werden. Als adäquates Instrumentarium stehen Hypothesentests zur Verfügung (Dichtl et al. 2008, S. 287). Die Analyse zeigt einen linearen Zusammenhang zwischen den Bilanzgewinnen und der Anzahl an Mitarbeitern. Diese Erkenntnis ist für die weitere Vorgehensweise von entscheidender Bedeutung. So kann den Sparkassen die Empfehlung ausgesprochen werden, Fusionen anzustreben, um auf eine Mitarbeiterzahl von jeweils mindestens 1000 Beschäftigten zu gelangen. Dies führt zu einem größeren Bilanzgewinn und damit einer stärkeren Kapitalbasis zur Umsetzung von Innovationen und dem Anstreben von Veränderungen. Entscheidend ist, dass keine Fehlspezifikation des Modells vorliegt und auch die weiteren Analysen die Annahme nicht verwerfen. Damit sind die Datensätze und die lineare Regression als valide einzustufen.

Unter Beachtung der regionalen Lage der einzelnen Institute ergibt sich durch diese Zusammenlegung eine Institutsanzahl von 197. Davon erfüllen bereits heute 56 Sparkassen die oben erwähnte Anforderung. Aus den Verschmelzungen der übrigen Sparkassen ergeben sich nochmals 141 Sparkassen. Eine Straffung der Mitarbeiteranzahl wäre notwendig. Dies zeigte bereits die Analyse der Filialschließungen und den damit verbundenen Entlassungen. In dieselbe Richtung weisen auch die Feststellungen aus diversen Durchführungen von PARES kompakt[6]. Die Sparkasse bekommt Felder aufgezeigt, welche im Rahmen der vordefinierten Kapazitätsbindung liegen, aber eben auch solche, die im Vergleich zu viele Kapazitäten binden und damit Raum für Anpassungen bieten (Baumgartner et al. 2016).

Ein Hindernis für die Reaktionsgeschwindigkeit bei Marktveränderungen stellt die Kleingliedrigkeit der deutschen Sparkassenorganisation dar. Verantwortlich dafür sind die unterschiedlichen Gesetzesgrundlagen, die wirtschaftlichen Ziele der einzelnen Häuser und die fehlende Zusammenarbeit durch die räumliche Aufteilung. Allerdings sollten Sparkassen trotzdem auch in Zukunft in der Lage sein, eigenständige Entscheidungen treffen zu können, um die dezentrale Ausrichtung aufrechtzuerhalten.[7]

---

[6]PARES Kompakt dient der Analyse von Ist- und Soll-Werten im Vergleich zu DSGV-Referenzen und ähnlichen Sparkassen. Vgl. Diening et al. (2016).
[7]Vgl. Expertenbefragung B.

Auch Stephan-Andreas Kaulvers, Vorstandsvorsitzender der Bremer Landesbank, spricht sich dafür aus, über Fusionen an Effektivität zu gewinnen. Dafür muss nach seiner Meinung die gesamte Organisation näher zusammenrücken, um so ein Wirkungsfeld für einen gemeinsamen Dialog und damit auch zielgerichtete Entscheidungen zu schaffen. Dabei ist das Ziel keine zentrale Ausrichtung der gesamten Organisation, sondern ein gezieltes Zusammenspiel von Zentralität und Dezentralität (Kaulvers 2016, S. 3). Die weiterhin gezielt dezentrale Ausrichtung der Sparkassen ermöglicht einen Evolutionsprozess einzelner Häuser und Abteilungen (Kirsch et al. 2009, S. 189). Zugleich schafft es Raum für notwendige materielle und immaterielle Verflechtungen. Eine adäquate Umsetzung generiert einen Wettbewerbsvorteil für das Unternehmen, denn so setzt das Unternehmen vorhandene Leistungen frei (Porter 2010, S. 409 ff.). Gleichzeitig besteht weiterhin jedes einzelne Institut als eigener Organismus und kann die jeweiligen Stärken schützen, ausbauen und diese zudem in die anderen Sparkassen tragen.

Die deutschen Sparkassen erreichten 2015 einen Marktanteil von ca. 29,7 % und schufen damit eine gute Ausgangslage für das Geschäftsjahr 2016. Gleichzeitig zeigt dies, dass Dienstleistungen und Produkte der Sparkasse weiterhin Abnehmer finden (DSGV 2016, S. 28). Eine positive Entwicklung ist dem Geschäftsvolumen zuzuschreiben. Den Sparkassen flossen weiter Kundengelder zu. Damit schaffen sich die Sparkassen eine Basis, um Erträge für Innovationen zu generieren (DSGV 2016, S. 28).

Allerdings zeigte sich auch die Abhängigkeit vom Kreditgeschäft, denn vor allem die Ausleihungen an Unternehmen stiegen. Im Bereich der Kundeneinlagen verloren die Sparkassen deutliche Marktanteile. Beide Entwicklungen verschärfen für die Zukunft die Situation der Sparkassen und die Abhängigkeit von einem Geschäftsfeld. Doch auch im Kreditgeschäft mussten Einbußen vernommen werden, was darauf hindeutet, dass die Konkurrenz den Sparkassen hier einen Schritt voraus ist. Eine weitere Erklärung ist, dass Kunden aufgrund der Komplexität einen anderen Dienstleister bevorzugen (DSGV 2016, S. 28 f.). Die Beratungsqualität der Sparkassen lässt allerdings zu wünschen übrig.[8]

Privatkunden halten hohe Bestände an Liquidität. Für Sparkassen birgt dies die Schwierigkeit einer angemessenen Fristenkongruenz und zwingt die Häuser zu einer Fristentransformation. Das brachliegende Geld erzielt somit weder für den Kunden noch für die Sparkasse einen Vorteil. Es scheint, als fehle ein Produkt, welches die Kundenbedürfnisse befriedigt. Ein ähnliches Bild ist bei Einlagen von Unternehmenskunden zu erkennen (DSGV 2016, S. 30 ff.).

---

[8]Vgl. Expertenbefragung B.

3.1 Historische Entwicklung und Status quo der Sparkassen

Der bereits angesprochene Kostenblock der Personalkosten stieg im Jahr 2015 im Vergleich zum Vorjahr und sorgte damit für eine erhöhte Cost-Income-Ratio. Hier zeigt sich abermals, dass Sparkassen im Bereich Personal Handlungsbedarf haben (DSGV 2016, S. 34). Nichtsdestotrotz erzielten die Institute ein Jahresergebnis von ca. 2,9 Mrd. EUR. Regulatorische Anforderungen erfüllt die Sparkasse mit einer Kernkapitalquote von 15,1 % (DSGV, 2016, S. 36). Beunruhigend entwickelte sich das Zinsergebnis. Trotz erhöhter Kundenausleihungen sank der Überschuss. Das heißt, die einzelnen Häuser müssten immer mehr Kredite vergeben oder ein höheres Risiko eingehen (DSGV 2016, S. 38).

Der Bereich Digitalisierung wird vor allem über den DSGV und eine „Task Force Digitalisierung" bearbeitet. Grundsätzlich kann es als durchaus positiv angesehen werden, dass der DSGV das Thema Digitalisierung für die gesamte Organisation vorantreibt. Damit wird insbesondere die Wichtigkeit des Themenfeldes bestätigt.[9]

Sparkassen genießen in ihrer Ausgestaltung als regional auftretendes Finanzinstitut ein hohes Ansehen.[10] Sie haben sich zur regionalen Verbundenheit über den Bekanntheitsgrad am Markt verankert. Potenzielle Kunden sehen in dieser Form auch weiterhin einen entscheidenden Grund, die Sparkasse als Hausbank zu wählen. Der persönliche Ansprechpartner und das hohe Vertrauen in die Sparkasse als Finanzinstitut werden von den Kunden geschätzt.[11] Die Ausführungen in den einleitenden Kapiteln und die herangezogenen Umfragen haben gezeigt, dass Kunden nach wie vor das persönliche Gespräch schätzen und im Zuge dessen erhöhte Kosten zahlen. Sparkassen haben sich über viele Jahre als Regionalinstitut etabliert und sind als solches nicht wegzudenken. Der digitale Wandel ist vorhanden und steht auf der Agenda des DSGV. Jedoch darf dieses Thema die eigentliche Strategie der Sparkassen nicht beeinträchtigen und diese sollte auch weiterhin die Filiale als Mittelpunkt des Kundenkontaktes sehen.

Kunden bringen ihrer Sparkasse nicht die Erwartungshaltung entgegen, als Innovationsführer aufzutreten. Hier gilt es, eine Balance zwischen Nutzen stiftender Digitalisierung und Wahrung der sparkasseneigenen Tugenden zu finden.[12]

Die deutschen Sparkassen stehen aktuell an einem Wendepunkt, einem Systemwandel, in welchem es von essenzieller Bedeutung ist, eine Ausrichtung für die Zukunft zu finden. Zusammenfassend lässt sich sagen, die Sparkassen profitieren nach wie vor von einer guten Marktstellung. Für die kommenden Jahre

---

[9]Vgl. Expertenbefragung A.
[10]Vgl. Expertenbefragung A.
[11]Vgl. Expertenbefragung B.
[12]Vgl. Expertenbefragung B.

kann auf eine breite Kundenbasis zurückgegriffen werden und mithilfe der erwirtschafteten Überschüsse Veränderungen vorangetrieben werden. Der Grundstein für einen Start in eine veränderte Zukunft ist gelegt. Die deutschen Sparkassen müssen die Chance nun gemeinsam ergreifen.

3.2 Analyse der Vertriebsstrategie der Zukunft

Georg Fahrenschon, Präsident des DSGV, erläuterte schon bei seinem Amtsantritt, wie wichtig das Thema Digitalisierung für die deutschen Sparkassen[13] in den kommenden Jahren sei. Weiterhin machte er keinen Hehl daraus, dass dafür ein Umdenken nötig sei und auch bestehende Strukturen kein Hindernis darstellen dürften. Traditionell denkenden Sparkässlern war diese Sichtweise ein Dorn im Auge. Jedoch lässt sich dieser Blickwinkel in vielen Fällen auf Unwissen und fehlende Weitsicht zurückführen, denn ein erfolgreicher Umbau der Sparkassen kann die Filialen und damit auch die Sparkassenmitarbeiter sichern (Burgmaier und Hüthig 2015, S. 111 f.). Dazu müssen allerdings alle Beteiligten an einem Strang ziehen.

Grundsätzlich unterzieht sich ein Unternehmen einer dauerhaften Überprüfung der Unternehmensausrichtung. Das Projekt „Vertriebsstrategie der Zukunft" verfolgt genau diesen Hintergrund. Es stellt sich demnach die Frage, welche Ziele die Sparkassen für die Zukunft verfolgen und wie diese erreicht werden sollen. Dabei gilt es, zu analysieren, inwieweit der ökonomische Nutzen der Sparkassen oder beispielsweise ein moralischer Mehrwert im Vordergrund steht (Niederhäuser und Rosenberger 2011, S. 33 ff.).

Die Untersuchung der „Vertriebsstrategie der Zukunft" findet anhand einer Inhaltsanalyse statt. Ferner erfolgt eine Stellungnahme, wie weitreichend die Strategie tatsächlich greift. Der Vorteil einer Inhaltsanalyse liegt darin, dass keine Situation der Untersuchung herrscht, sondern es erfolgt eine Analyse von bestehendem Material (Esser et al. 2013, S. 397 ff.).

Grundsätzlich bedarf eine Strategie mehrerer Ansatzpunkte (Niederhäuser und Rosenberger 2011, S. 40). Die nachfolgende Aufstellung zeigt zum einen die notwendigen Fragestellungen auf und fungiert zugleich als Messinstrument für die Vertriebsstrategie der Zukunft.

---

[13]Insgesamt mussten sich die Sparkassen der Konkurrenz im Bereich Digitalisierung geschlagen geben. Vgl. Lünendonk (2015), S. 5.

3.2 Analyse der Vertriebsstrategie der Zukunft

▶ **Definition relevanter Stakeholder und deren Bedürfnisse** Hier definiert die Projektgruppe Kunden und eigene Mitarbeiter. Das Bearbeitungsteam erkennt die veränderten Anforderungen der Kunden an das Filialsystem und die medialen Vertriebswege. Durch ein Schulungskonzept für die Mitarbeiter und die Umstrukturierung der Absatzkanäle reagiert die Sparkasse. Einfache Banktätigkeiten werden über Online-Angebote abgewickelt und komplexe Beratungen finden im „BeratungsCenter" statt. Weiterhin bestehen Filialen für den täglichen Bedarf. Kompetenzen werden an einer Anlaufstelle gebündelt. Selbstanalyse- und Selbstberatungslösungen unterstützen die Betreuungsleistung. Spätere Kundengespräche generieren einen zeitlichen, qualitativen und individuelleren Mehrwert.

▶ **Definition des Leistungsspektrums und Analyse des jeweiligen Nutzens** Bekannte Segmentierungskriterien werden beibehalten. Eine Abwandlung vom Produktverkauf hin zu einer Spezialistenberatung ist nicht zu erkennen. Vielmehr planen die Sparkassen, den wirtschaftlich rentablen Bereich der Individualkunden auszubauen. Die beschriebenen Maßnahmen lassen vermuten, dass Sparkassen den Gedanken, für die sozial schwächere Bevölkerung eine Möglichkeit des Bankgeschäftes zu schaffen, verwerfen, da dieser nicht die gewünschten wirtschaftlichen Erfolge abwirft. Zudem zielen diese Vorhaben darauf ab, die Schere zwischen Arm und Reich weiter zu öffnen. Durch eine gezielte Umverschlüsselung genießen Privatkunden nicht mehr den Anspruch auf eine persönliche Beratung. Dafür steht in Zukunft das Online-Angebot zur Verfügung. Individualkunden hingegen folgen dem umgekehrten Weg. Die Projektgruppe definiert den Privatkundenberater als einen Dienstleister mit wenig Know-how und mehr verkäuferischem Talent. Interessant ist hier auch, dass die Sparkasse einen Fokus auf Produkte legt, die beim Kunden Kosten verursachen und nicht auf Produkte, welche es dem Kunden erlauben, ein Vermögen aufzubauen oder zu verwalten.

▶ **Definition der Wertschöpfungskette und Bestimmung von Eigen- und Fremdfertigung** Die Wertschöpfungskette im Bereich der Privatkunden bezieht sich auf die Beratergruppen Privatkundenberater, Individualkundenberater und Private Banking Berater. Zusätzliche Kooperationen werden augenscheinlich nicht angestrebt.

Definitionen der Kernkompetenzen sind nicht vorhanden (Niederhäuser und Rosenberger 2011, S. 40 und DSGV 2015, S. 1 ff.).

Die Vertriebsstrategie verknüpft bei allen Entscheidungen die Umsetzung mit der Wirtschaftlichkeit (DSGV 2015, S. 34). Diese Vorgehensweise unterscheidet sich vom Gedanken, das Kundenbedürfnis in den Mittelpunkt zu rücken und durch dessen Befriedigung einen wirtschaftlichen Erfolg zu erzielen. Die angestrebte Kundensegmentierung widerspricht dem beschriebenen Verhalten der Kunden, welche je nach Komplexität eine Beratung in Anspruch nehmen. Durch die fehlende Eindampfung des Produktangebotes lässt sich vermuten, dass sich Sparkassen als Nutzenführer sehen. Allerdings fehlt dazu die notwendige Qualität der Produkte und der Beratung. Der Kunde steht weiterhin nicht im Fokus des Handelns und eine Anpassung der Produkte findet nicht statt. Vielmehr plant die Sparkasse, das vorhandene Potenzial stärker auszuschöpfen, also mehr Ertrag am Kunden zu generieren, sowie effizienter und weniger kostenintensiv zu arbeiten. Es erfolgt der Abbau von Filialen, die Verschiebung von Kunden auf Online-Kanäle und die Konzentration auf leicht verständliche Produkte im Privatkundenmarkt, um die fachlichen Anforderungen an die Berater zu mindern und Kunden schneller abfertigen zu können (DSGV 2015, S. 34 ff.). Dies bedeutet keine Generierung eines nachhaltigen Gewinns für notwendige Innovationen.

Das Projekt erfüllt sicherlich die Anforderungen an die Digitalisierung und das veränderte Kundenverhalten betreffs Online- und Stationär-Lösungen. Da der Kunde und dessen Bedürfnisse im Hintergrund stehen, bleibt der Erfolg allerdings abzuwarten. Schlussfolgernd lässt sich sagen, die Strategie greift zu kurz und geht in die falsche Richtung. Zudem setzen die Verantwortlichen an einer falschen Stelle an, denn den Sparkassen fehlt es in einem ersten Schritt an einer organisatorischen und strukturellen Anpassung als Grundlage, um in einem weiteren Schritt innovativ zu sein. In einem Punkt herrscht Übereinstimmung zwischen den Autoren und der Vertriebsstrategie der Zukunft. Der Start in eine erfolgreiche Zukunft gepaart mit einem allgemeinen Umdenken muss bereits heute vollumfänglich vollzogen und angestoßen werden (DSGV 2015, S. 3 ff.).

4 Die Krise der Sparkassen als Opportunität – innovative Gestaltungsoptionen durch Kooperationsmodelle

In den bisherigen Ausführungen wurde im Spannungsfeld von Deskription und Präskription argumentiert. Nun wollen wir das Thema der Zukunftsfähigkeit weiter konkretisieren und dabei Gestaltungsoptionen im Bereich der Vermögensverwaltung prüfen. Dies setzt freilich eine primär induktive Vorgehensweise voraus, welche auch ein entsprechendes Know-how der Autoren voraussetzt. Beide Autoren können als kompetente Teilnehmer der relevanten Lebenswelten betrachtet werden: Kevin Specht war einige Jahre Mitarbeiter einer regionalen Sparkasse und ist heute Portfoliomanager einer privaten Vermögensverwaltung. Michael Deeken war Bereichsleiter in der DekaBank bevor er 2007 Vorstand einer privaten Vermögensverwaltung wurde. Den Autoren sind mithin beide Seiten gut bekannt und sie können daher mögliche Szenarien kooperativen Handelns entwerfen und bewerten. Im Folgenden wird ein Prüfschema dargestellt, welches zu einer innovativen Gestaltungsoption im Bereich der Vermögensverwaltung – oder auch anderer Funktionalitäten – führen kann. Ausgangspunkt der Überlegung ist der „richtige" Zeitpunkt für einen solchen Suchprozess.

4.1 Die Krise als Opportunität

Folgt man der Auffassung, ein Unternehmen sei eine Agglomeration von Ressourcen, so ergeben sich zwei Zustände, in denen Investitionen bzw. Innovationen besonders wahrscheinlich sind. Einerseits ist es der Zeitraum, in dem das Unternehmen – hier die Sparkasse – einen nachhaltigen Ressourcenüberschuss verzeichnet. Zukunftsorientierte Führungskräfte/Vorstände transformieren diesen „organizational slack" in Innovationen bzw. Innovationsvorhaben. Wie wir bereits ausgeführt haben, wird dieser Zeitpunkt regelmäßig verpasst, weil es offensichtlich reizvoller ist, Gewinne in Tantiemen oder sonstige „hic et nunc"-Ausgaben zu transformieren. Der zweite Zeitraum, der sich zu einem strategischen Handeln anbietet, ist die Krise in Form eines Ressourcenmangels. Wie bereits diagnostiziert, trifft diese Situation für die deutsche Sparkassenlandschaft derzeit zu. Doch auch in dieser Situation gibt es Vorstände, denen das Hemd näher ist als der Rock. Zu treffende Entscheidungen – häufig unter Risiko – werden dann gerne vertagt oder zugunsten „wichtigerer" Themen zurückgestellt.

4.2 Realitätserfassung statt Diagnose im Elfenbeinturm

Oftmals hat man den Eindruck, dass herannahende Krisen nicht antizipiert und erst recht nicht realisiert werden. Das Prinzip der kognitiven Dissonanz verleitet viele Vorstände zur Flucht in ihren Elfenbeinturm. „Das mag ja alle anderen betreffen – aber doch nicht uns" – derartige Einschätzungen von Vorständen zeigen deutlich, dass die nötige Kraft zur realistischen Sichtweise der Sachlage häufig fehlt.

Wir haben bereits erwähnt, dass im Zuge der Finanzkrise, des Niedrigzinsniveaus und des daraus resultierenden Margenverlustes – gepaart mit der fortschreitenden Technisierung von Bankdienstleistungen die Auflösung bzw. Zusammenlegung von Filialen eine ökonomisch naheliegende Option ist. Ob sie in allen Fällen auch sinnvoll ist, soll an dieser Stelle nicht weiter vertieft werden. Nun ist es aber gerade die Stärke der Sparkassen, Ihren Kunden bis dato wohnortnah eine Betreuung anzubieten. Wird diesen Kunden keine Alternative angeboten, drohen sie an andere Institute abzuwandern. Um dies zu verhindern, haben erste Sparkassen begonnen, einen „mobilen Vertrieb" zu installieren und folgen damit der Idee von Postbank bzw. Deutscher Bank. Wir werden zeigen, dass ein solcher Schritt nicht sehr weit von der bestehenden Filialkonzeption entfernt ist und daher als inkremental einzustufen ist.

4.3 Voluntarismus als Unternehmensphilosophie

Wer die Krise also in vollem Umfang erkennt, muss handeln! Doch auch hier sei angeraten, eine ressourcenorientierte Sichtweise einzunehmen und zu analysieren, welche Ressourcen die jeweilige Sparkasse(-norganisation) hat und welche nicht. An dieser Stelle geht es nun nicht mehr nur um Filiale ja oder nein, jetzt geht es um Humanressourcen: wo sollen diese zukünftig angesiedelt werden? Eine deterministische Vorgehensweise kommt hier freilich zu dem Ergebnis, dass der Markt jetzt neue Strukturen vorgibt und sich daraus die Strategien abzuleiten haben. Diese Art der Anpassung verstärkt letztlich noch die Auswirkungen der Krise und es bleibt offen, ob und wie man die Krise jemals bewältigt. Ein solches Szenario ergibt sich insbesondere bei den beratungs- und betreuungsintensiven Geschäften. Wir wollen dies – wie bereits angekündigt – am Beispiel der Vermögensverwaltung erläutern.

Jede Filiale unterliegt bezüglich ihrer Kundenstruktur einer Normalverteilung. Und so werden bei jeder Filialschließung auch die Kunden abgeschnitten, die ein höheres Vermögen (ab 250 T EUR) haben, welches bereits individuell verwaltet wurde oder verwaltet werden könnte. Ihnen wird zumeist kommuniziert, dass sie in Zukunft von einer weiter entfernten Filiale oder auch Niederlassung betreut würden. Dies kann durchaus eine Distanz von 30 bis 50 km sein. Wenn dies von den Kunden als zu weit eingeschätzt wird, kommt einerseits der mobile Vertrieb in Betracht – der allerdings selten über die entsprechende Expertise verfügt – oder der Rückgriff auf eine standardisierte (Fonds-)Vermögensverwaltung, die über die DekaBank als Spezialhaus verkauft wird.

4.4 Strategische Kooperation als Gestaltungsoption

Ein echter Vermögensverwaltungskunde wird aufgrund seines Anspruchsniveaus die beiden geschilderten Alternativen nicht wählen. In aller Regel ist diese Klientel im Alter von 55+. Wenn sie denn noch aktiv genug sind, werden sie sich eine neue Adresse suchen, ansonsten nutzen sie auch die Gelegenheit, die Führung der Geschäfte ihren Kindern zu übergeben. In beiden Fällen bleibt die Sparkasse außen vor. Da es sich bei der Vermögensverwaltung um dauerhafte Erträge handelt, die weniger transaktions- als denn beratungsbedingt entstehen, muss hier mit nachhaltigen Einbrüchen in der GuV der jeweiligen Sparkasse gerechnet werden.

Der Konflikt zwischen dem Rückzug aus der Region durch die Filialschließungen und dem Wegfall margenträchtigen Geschäftes in der Vermögensverwaltung führt in den Sparkassen zu einer scheinbaren Auswegslosigkeit. Weder top-down, d. h. von der Verbandsseite, noch bottom-up, d. h. von den einzelnen Sparkassen, sind Alternativen in Sichtweite. Und auch die DekaBank als Produktlieferant hat wenig Interesse bzw. Mut, diese Lücke zu schließen. Wenn offensichtlich systemimmanent keine Lösung möglich ist, so sollte u. E. ein Blick in die systemrelevante Umwelt gewagt werden. Vor dem Hintergrund der Erfahrungen mit Out- bzw. Insourcing könnte die Etablierung eines strategischen Kooperationsmodells von Interesse sein.

4.5 Disruptive Innovation

Die hier angedachte Lösung bedeutet die Abkehr von inkrementalen Lösungsversuchen. Vielmehr geht es um innovative Lösungen, die aufgrund ihrer Neuartigkeit Marktveränderungen auslösen können. In aller Regel können derart disruptive Innovationen nur von oder mit vergleichsweise kleinen und dementsprechend flexiblen Unternehmen ausgelöst werden. An dieser Stelle besteht eine Chance für innovative Kooperationsgestaltungen zwischen Sparkassen einerseits und privaten/unabhängigen Vermögensverwaltungen andererseits. Davon ausgehend, dass die Sparkassen größere und damit hierarchisch stark gestaffelte Organisationen sind, ist von dieser Seite maximal das Bewusstsein für die Notwendigkeit einer innovativen Lösung zu erwarten. Das Potenzial für eine kooperative Lösung muss von den regional dislozierten Vermögensverwaltern kommen. In Deutschland existieren rund dreihundert BaFin-lizenzierte Vermögensverwalter, die – zumeist inhabergeführte – unabhängige Vermögensverwaltung anbieten: teils standardisiert über Fonds, teils individuell durch depotspezifische Ausgestaltung. Kleinere Vermögensverwalter sind zumeist auf die Betreuung von Privatkunden spezialisiert. Größere hingegen widmen sich auch institutionellen Kunden, die in Form von Stiftungen, Einrichtungen für betriebliche Altersvorsorge und Firmenvermögen auftauchen. Die Idee könnte nun darin bestehen, eine regionale Kooperation zwischen der Sparkasse einerseits und dem Vermögensverwalter andererseits zu begründen. Beginnend mit einem gemeinsamen Businessplan lässt sich über die Wertschöpfung der Vermögensverwaltung hinweg eine Strategie erarbeiten, die für beide Seiten eine Win-win-Situation bedeutet. Die Sparkasse kann ihrer Klientel trotz Rückzug aus der Fläche eine individuelle Vermögensverwaltung anbieten, womit der eigentliche Kundenverlust vermieden werden kann. Der Vermögensverwalter kann sein betreutes Volumen ausbauen und dem Sparkassenkunden wahrscheinlich einen Mehrwert in der Betreuung und ggf. eine optimierte Performance ermöglichen.

4.6 Agiles Management

Agilität ist ein Begriff, der in der Managementlehre schon seit über 20 Jahren präsent ist. Immer wieder wurde er genutzt, um flexible, schlanke und kundenbezogene Gestaltungsmaßnahmen bzgl. der Organisation zu beschreiben: „Agility is an ability of a company in a changing market environment profitably exploit market opportunities, quickly and flexibly respond the customers'needs, and qualitatively, suffering minimum cost, satisfy them by using innovative solutions and partnership cooperation" (Rimiene 2011, S. 895).

Offensichtlich geht es in derartigen Prozessen v. a. darum, die notwendigen Fähigkeiten der jeweiligen Managementebenen zu unterstreichen. Sowohl der – für Vermögensanlage zuständige – Vorstand der Sparkasse als auch der Vorstand der privaten Vermögensverwaltung müssen mit klarer Zielsetzung einerseits und mit ausreichend Flexibilität andererseits an die Formulierung des gemeinsamen Businessplans herangehen. Im Vordergrund muss die Schaffung einer tragfähigen Lösung stehen, weswegen auch eine höhere Schwelle für ernst zu nehmende Bedenken vereinbart werden sollte. Gemäß der empirischen Erfahrung „wo ein Wille ist, ist auch ein Weg" sollte die Lösung unter der Beachtung möglicher Nebenbedingung erarbeitet werden. Im Rahmen dieser bottom-up-Gestaltung stehen sich die Verantwortlichen quasi auf gleicher Augenhöhe gegenüber. Mit Sicherheit steht von beiden Seiten zunächst das ökonomische Rationalitätsprinzip im Vordergrund: wie können Margen gestaltet, vereinnahmt und geteilt werden? Schließlich ist ja gerade aufseiten der Sparkasse ein wesentliches Kalkül, wegbrechende Einnahmen zu verhindern. Und umgekehrt ist für den Vermögensverwalter wichtig zu kalkulieren, ob und unter welchen Bedingungen die Übernahme von externem Kundenvolumen und entsprechendem Risiko sinnvoll ist. Es ist aber sicher davon auszugehen, dass zwischen den Kooperationspartnern auch ein ethisch-moralisches Rationalitätskalkül zu diskutieren ist. Welche Spielregeln sollen in der Zusammenarbeit gelten, welche Maßnahmen sollen greifen, wenn gegen diese Regeln verstoßen wird? Im Sinne einer gemeinsamen Vision könnte man vereinbaren, dass sich alle relevanten Themen der Zusammenarbeit am Wohle der Kunden(-bedürfnisse) auszurichten haben. Dies gilt freilich auch für alle juristischen Fragen einer solchen Kooperation, die sich bekanntlich jederzeit ändern kann. So sollen ja in Kürze durch die Einführung der europäischen Richtlinie MiFiD II Kickback-Zahlungen an Dritte untersagt werden. Dies ist gedacht, um Intransparenzen gegenüber dem Endkunden zu vermeiden. Umgekehrt werden andere bzw. neue Wege möglich sein, um auf transparente Weise Einnahmen verursachungsgerecht zu teilen. Ökonomisch lässt sich dies am leichtesten entlang der Wertschöpfungskette im Bereich der Vermögensverwaltung darstellen.

4.7 Change Management

Wie aber wird aus einem solchen Kooperationsmodell gelebte Praxis? Aus vielen Beiträgen der Theorie und auch der Praxis wird offensichtlich, dass es hierzu eines Managements des Wandels bedarf. Dieser muss sich in erster Linie auf einen einheitlichen Informationsstand aller Mitarbeiter in den betreffenden Unternehmen(-seinheiten) richten. In einem Top-down-Prozess muss die beschlossene Kooperation über klare Botschaften und entsprechende Ziele in die jeweiligen Strukturen der Unternehmen hineinkommuniziert werden. Die Prognosen der Mitarbeiter bezüglich ihrer zukünftigen Situation in dem neuen Modell müssen eindeutig und frei von Furcht bzw. Angst sein. Insoweit ist es existenziell, dass mehr Anreize wahrgenommen werden müssen als potenzielle Konflikte. Letztendlich geht es aus organisationaler Sicht in dieser Phase darum, das subjektive Empfinden der Betroffenen in eine kollektiv-positive Einstellung zu transformieren und ein Verhalten zu aktivieren, welches den Prozess des Wandels in die intendierte Richtung perturbiert. Seit den Forschungsbeiträgen von Hauschildt und Witte (1973) wird hierfür auch der Begriff des Promotors bzw. des Promotorengespanns (hier werden Fach- und Machtpromotor unterschieden) verwendet. Das Gegenteil des Promotors ist der Opponent, der aufgrund mehrdeutiger Prognosen und nicht gefestigter Einstellung passiven oder auch aktiven Widerstand leistet. Freilich gibt es auch Mitarbeiter, die noch unentschieden sind bzgl. der neuen Organisationsform. Diese potenziellen Opponenten sind im Rahmen des Change Management besonders wichtig. Wenn es nämlich gelingt, diese inhaltlich oder auch prozedural von der Sache zu überzeugen, also noch zu Promotoren zu machen, so lassen häufig auch die Opponenten mit ihrem Widerstand nach (Deeken 1997, S. 165).

Bezogen auf das hier dargestellte Kooperationsmodell zwischen Sparkasse und privater Vermögensverwaltung lässt sich vermuten, dass zunächst die wertpapieraffinen Mitarbeiter der Sparkasse Bedenken anmelden werden. Sie haben möglicherweise über Jahre hinweg eine Kompetenz aufgebaut, die im Rahmen dieser Kooperation nur noch bedingt oder auch gar nicht benötigt wird. Diese Konsequenz ist bei Outsourcing-Maßnahmen sehr wahrscheinlich und kann nur dadurch kompensiert werden, dass man guten Mitarbeitern eine Alternative inhaltlicher oder auch regionaler Art anbietet. Nicht auszuschließen ist auch der Fall, dass der Vermögensverwalter Interesse an Mitarbeitern der Sparkasse hat, wenn diese in sein Portfolio passen. An dieser Stelle wird deutlich, dass der Wandel sich nicht nur in einer Richtung, sondern vielmehr multilateral vollzieht.

4.8 Inhalts- und Prozesscontrolling

Zu jedem Projekt des Wandels – hier ein Kooperationsmodell mit Outsourcingcharakter – gehört auch das entsprechende Controlling. Die im Businessplan festgehaltenen Ziele müssen nachgehalten werden, und zwar inhaltlich wie auch prozedural.

Auch hier sollte der Kunde im Mittelpunkt der Betrachtung stehen: ist es gelungen, für ihn eine Lösung mit Mehrwert zu schaffen? Nachgelagert dann die

4.8 Inhalts- und Prozesscontrolling

Fragen: konnte die Sparkasse ihr Ziel erreichen, den Kunden trotz Outsourcings in der Vermögensverwaltung zu halten? Und war es dem Vermögensverwalter möglich, den Kunden vertrauensvoll in seine Betreuung zu übernehmen?

Bereits nach kurzer Zeit wird auch das Controlling der Performance ein Thema. Hier ist ein Zusammenspiel der Sparkasse und des Vermögensverwalters besonders einfach. Vorausgesetzt, der Kunde nutzt als Depotbank weiterhin die Sparkasse oder auch eine Plattform aus der Sparkassenwelt (S Broker), so kann der Betreuer der Sparkasse und auch der Vermögensverwalter gleichermaßen auf die Depotdaten des Kunden zugreifen. Das dadurch entstehende Vertrauensdreieck zwischen Kunde, Sparkasse und Vermögensverwalter sollte der Kooperationsbeziehung förderlich sein.

Controlling ist für derartige Kooperationsbeziehungen unabdingbar. Jede Seite muss transparent nachvollziehen können, ob das Geschäft profitabel ist und ob die gesteckten Ziele erreichbar sind. Wenn auf diesem Wege erste Sparkassen erfolgreich sind in der Bewältigung ihrer krisenhaften Situation, dann könnte das hier vorgeschlagene Kooperationsmodell im Bereich der Vermögensverwaltung prägend sein für weitere Überlegungen in der Welt der Sparkassen.

Zusammenfassung und Ausblick 5

Die Zukunftsfähigkeit von Sparkassen war das Thema unserer Überlegungen. Bei Betrachtung der derzeitigen Situation ist es generell schwierig zu erkennen, wie eine Zukunft für die Sparkassen jemals wieder aussehen soll. Auch die Insider der Sparkassenwelt sind sich uneins darüber. Rückzug aus der Filialwelt und Fusionen sind als dominante Strategien zu erkennen. Doch das rüttelt auch an der wichtigsten Grundfeste, dem Kunden: wie kann man sich zurückziehen und doch präsent sein. Allzu schnell führt man die Digitalisierung ins Feld und prognostiziert, dass in wenigen Jahren ohnehin keiner mehr in die Filiale geht. Betrachtet man aber die Bevölkerungspyramide in Deutschland, so wird offensichtlich, dass die Kunden immer älter werden und vom Zauber des Internets nur bedingt etwas halten.

Die Bedürfnisse der Kunden lassen sich nachhaltig nur befriedigen, wenn die auftauchenden Spannungsfelder gelöst werden können: Evolution vs. Konstanz, Innovation vs. Tradition, Sparkasse von gestern vs. Sparkasse von morgen.

Doch auch die Sparkasse selbst hat Bedürfnisse: zum Überleben, also für die Zukunft, braucht sie Jahresüberschüsse und eine solide Bilanz. Wenn durch Rückzug aus der Region Ertragsströme wegfallen, müssen diese kompensiert werden. Ideen, wie dies funktionieren kann, wurden in der vorliegenden Arbeit aufgezeigt. Am Beispiel der Vermögensverwaltung wurde gezeigt, wie durch Kooperation ein Kundensegment outgesourced werden kann und dabei wichtige Erträge gesichert werden können. Oftmals fehlt die Bereitschaft für unkonventionelle Wege, aber in der Krise sollte das Management auf innovative Ideen zurückgreifen. Sparkassen haben den Vorteil, in ihrer Organisation weitestgehend unabhängig zu sein. Insoweit versteht sich der hier dargelegte Entwurf eher als bottom-up-Strategie, die ohne top-down Vorgabe möglich ist.

Sollte sich ein Interesse auf Verbandsebene (DSGV und VuV) etablieren, so stünde einer größeren Bewegung sicher auch nichts im Wege. Dies sei v. a. deshalb gesagt, weil wir uns möglicher blinder Flecken in unserer Betrachtung durchaus bewusst sind und Anregungen von der einen wie auch der anderen Seite gerne entgegennehmen.

Was Sie aus diesem *essential* mitnehmen können

- Sparkassen lavieren im Dilemma zwischen sinkenden Erträgen und zu hohen Aufwendungen. Das Reaktionsmuster ist zumeist die Schließung von Filialen und damit der Rückzug vom Kunden.
- Sparkassen leben jedoch von der regionalen Verbundenheit zu ihren Kunden.
- Zukunftsfähig können Sparkassen nur dann sein, wenn sie Tradition und Innovation verbinden.
- Organisatorische Gestaltungsoptionen liegen in innovativen Kooperationsmodellen.
- Vermögensverwaltung als Beispiel für kontrolliertes Outsourcing.

Literatur

Armos, H./Cord, M./Gerber, J./Wiecher, M. (2010): Kalkulierte Flexibilität, Strategisch entscheiden in einem volatilen Umfeld, Wiesbaden 2010.
Arz, C./Fischer, B. (2016): Innovationslust in Banken beurteilen, S. 28–31, in: Bankmagazin, Für Führungskräfte der Finanzwirtschaft, Wiesbaden Februar 2016.
Bensch, T./Frère, E./Reiter, J./Zureck, A. (2016): Finanzberatung – Eine empirische Analyse bei Young Professionals; 5. Aufl., Essen 2016, S. 1–30.
Berg, S. C./Blaß, R./Waschbusch, G. (2016): Zukunft der Bankfiliale – Auslaufmodell oder Erlebniswelt?, S. 30–33, in: bank und markt, Zeitschrift für Retailbanking, Frankfurt am Main Mai 2016.
Berger, K./Holl, I. (2015): Neue Wege zu kundenorientierten Innovationen, in: Liebetrau, A./Seidel, M. (Hrsg.): Banking & Innovation 2015, Ideen und Erfolgskonzepte von Experten für die Praxis, Wiesbaden 2015, S. 221–227.
Blecker, T./Kaluza, B. (2005): Flexibilität – State oft the Art und Entwicklungstrends, in: Blecker, T./Kaluza, B. (Hrsg.): Erfolgsfaktor Flexibilität, Strategien und Konzepte für wandlungsfähige Unternehmen, Berlin 2005, S. 2–25.
Brem, A./Vahs, D. (2015): Innovationsmanagement, Von der Idee zur erfolgreichen Vermarktung, 5. Aufl., Stuttgart 2015.
Bundesverband Öffentlicher Banken Deutschland (2016): Zusammenspiel von Regulierung und Profitabilität – eine quantitative Impact-Studie für die deutschen Top-17-Banken, Berlin Juni 2016, S. 1–36.
Burgmaier, S./Hüthig, S. (2015): Kampf oder Kooperation – Das Verhältnis von jungen Wilden und etablierten Geldinstituten, in: Bieberstein, I./Brock, H. (Hrsg.): Multi- und Omnichannel-Management in Banken und Sparkassen, Wege in eine erfolgreiche Zukunft, Wiesbaden 2015, S. 101–114.
Burmann, C. (2005): Strategische Flexibilität und der Marktwert von Unternehmen, in: Blecker, T./Kaluza, B. (Hrsg.): Erfolgsfaktor Flexibilität, Strategien und Konzepte für wandlungsfähige Unternehmen, Berlin 2005, S. 29–53.
Cantner U. (2011): Dynamischer Wettbewerb von Unternehmen – eine Anwendung der Replikatordynamik, in: Otto, K.-S./Speck, T. (Hrsg.): Darwin meets Business, Evolutionäre und bionische Lösungen für die Wirtschaft, Wiesbaden 2011, S. 201–209.
Cartellieri, U. (1990), Die Zeit.

Corsten, H./Gössinger, R./Schneider, H. (2006): Grundlagen des Innovationsmanagements, München 2006.
Cyert, R., March, J. (1963), The behavioral Theory of the Firm, Wiley-Blackwell 1963.
Daxhammer, R. J./ Facsar, M. (2012): Behavioral Finance: Verhaltenswissenschaftliche Finanzmarktforschung im Lichte begrenzt rationaler Marktteilnehmer, Konstanz, 2012.
Deeken, M. (1997): Organisationsveränderungen und das Konzept der Mobilisierung, Theoretische Aussagen und praktische Erkenntnisse aus einer Fallstudie im Bankensektor, Diss., Wiesbaden 1997.
Deutscher Sparkassen- und Giroverband (2010): Fakten, Analysen, Positionen, Zur Geschichte der Sparkassen in Deutschland Nr. 45, Berlin 2010, S. 1–24.
Dichtl, H./Petersmeier, K./Poddig, T. (2008): Statistik Ökonometrie Optimierung, Methoden und ihre praktischen Anwendungen in Finanzanalyse und Portfolio-management, 4. Aufl., Bad Soden 2008.
Disselkamp, M. (2012): Innovationsmanagement, Instrumente und Methoden zur Um-setzung im Unternehmen, 2. Aufl., Wiesbaden 2012.
Dreger, C./Eckey, H.-F./Kosfeld, R. (2011): Ökonometrie, Grundlagen – Methoden – Beispiele, 4. Aufl., Wiesbaden 2011.
Dreher, C./Kinkel, S. (2007): Auf lange Sicht: Outsourcing und langfristige Potenziale, in Bullinger, H.-J./Klebert, S. (Hrsg.): Outsourcing in Deutschland, Rahmenbe-dingungen, Konzepte und Best Practices, Stuttgart 2007, S. 103–119.
DSGV (2016): Finanzbericht 2015, Unser Ergebnis – Unser Beitrag, Berlin Juli 2016.
DSGV (2015): Vertriebsstrategie der Zukunft, Berlin Februar 2015, S. 1–51.
Ernst & Young (2015): Kreditmarktstudie 2015, Kreditgeschäft 2.0 – die Kreditbranche im Wandel, Hamburg 2015, S. 1–32.
Ernst & Young (2014): EY Global Consumer Banking Survey 2014, Frankfurt am Main 2014, S. 1–28.
Esser, E./Hill, B./Schnell, R. (2013): Methoden der empirischen Sozialforschung, 10. Aufl., München 2013.
Frank, B./Mihm O. (2016): Zukunft der Filiale – Wie digital will der Kunde es wirklich? S. 35–38, in: bank und markt, Zeitschrift für Retailbanking, Frankfurt am Main Juli 2016.
Freeman, R. E. (2010): Strategic Management, A Stakeholder Approach, New York 2010.
Freese, T. (2016): Der Berater bleibt Dreh- und Angelpunkt der Kundenbeziehung, S. 27–29, in: bank und markt, Zeitschrift für Retailbanking, Frankfurt am Main Mai 2016.
Gallup (2016): Pressemitteilung, Gallup Engagement Index 2015, Berlin März 2016, S. 1–3.
Glänzer, E. (2011): Innovation. Gerechtigkeit. Zukunft. – Nachhaltige Unternehmens- und Personalentwicklung, in: Otto, K.-S./Speck, T. (Hrsg.): Darwin meets Busi-ness, Evolutionäre und bionische Lösungen für die Wirtschaft, Wiesbaden 2011, S. 43–51.
Glazinski, B. (2004): Strategische Unternehmensentwicklung, Krisensignale frühzeitig erkennen und abwenden, Wiesbaden 2004.
Güthoff, J. (1995): Qualität komplexer Dienstleistungen: Konzeption und empirische Analyse der Wahrnehmungsdimensionen, Wiesbaden 1995.
Henke, A./Petry, M./Späth, B. (2016): Die Bank der Zukunft – Strategien für den Erfolg, S. 29–31, in: bank und markt, Zeitschrift für Retailbanking, Frankfurt am Main April 2016.

Literatur

Herrmann-Pillath, C. (2011): Evolutionsökonomik, in: Otto, K.-S./Speck, T. (Hrsg.): Darwin meets Business, Evolutionäre und bionische Lösungen für die Wirtschaft, Wiesbaden 2011, S. 193–200.

Horstmann, C. (2011): Integration und Flexibilität der Organisation durch Informationstechnologie, Diss., Würzburg 2011.

Horx, M/Huber, J./Steinle, A./Wenzel, E. (2007): Zukunft machen, Wie Sie von Trends zu Business-Innovationen kommen, Ein Praxis-Guide, Frankfurt am Main, 2007.

International Monetary Fund (2016): Global Financial Stability Report, Potent Policies for a Successfull Normalization, Washington April 2016.

Kahnemann, D. (2014): Thinking, Fast and Slow, 8. Aufl., München 2014.

Kahnemann, D./Tversky, A. (1979): Prospect Theory: An Analysis of Decision under Risk, S. 263–291, in: Econometrica, 47(2), New York März 1979.

Kaulvers, S.-A. (2016): Dezentralität schafft Vertrauen, S. 3, in: Deutscher Sparkassen- und Giroverband (Hrsg.): SparkassenZeitung Nr. 22, Medium der Sparkassen-Finanzgruppe, Berlin Juni 2016.

Kiener, S. (1990): Die Principal-Agent-Theorie aus informationsökonomischer Sicht, Diss., Regensburg 1990.

Kirsch, W. (2001), Die Führung von Unternehmen, München-Herrsching 2001.

Kirsch, W./Seidl, D./van Aaken, D. (2009): Unternehmensführung, Eine evolutionäre Perspektive, Stuttgart 2009.

Kirsch, W./Seidl, D./van Aaken, D. (2010): Evolutionäre Organisationstheorie, Stuttgart 2010.

Lünendonk (2015): Banken – Den digitalen Wandel gestalten, Wie Retailbanken die Option der „Digitalen Welt" nutzen, in: Lünedonk-Branchendossier, Mindelheim 2015, S. 1–38.

Nassehi, A. (2008): Die Zeit der Gesellschaft, Auf dem Weg zu einer soziologischen Theorie der Zeit, 2. Aufl., Wiesbaden 2008.

Neumann, M. (2000), Wettbewerbspolitik, Geschichte, Theorie und Praxis, Wiesbaden 2000.

Niederhäuser, M./Rosenberger, M. (2011): Unternehmenspolitik, Identität und Kommunikation, Modell – Prozesse – Fallbeispiele, Wiesbaden 2011.

Otto, K.-S. (2011): Mit Evolutionsmanagement Krisen erfolgreich durchsteuern, in: Otto, K.-S./Speck, T. (Hrsg.): Darwin meets Business, Evolutionäre und bionische Lösungen für die Wirtschaft, Wiesbaden 2011, S. 19–33.

Petersen, D. (2011): Den Wandel verändern, Change-Management anders gesehen, Wiesbaden, 2011.

Porter, M. (2010): Wettbewerbsvorteile, Spitzenleistungen erreichen und behaupten, 7. Aufl., Frankfurt am Main 2010.

Rimiene, K. (2011), Supply Chain Agility Concept Evolution (1990-2010), in: Economics and Management, Issue 16, S. 892–899.

Rohrmeier, D. (2015): Lebenswelten 2020 – Wie werden wir morgen unsere Finanzen managen?, in: Liebetrau, A./Seidel, M. (Hrsg.): Banking & Innovation 2015, Ideen und Erfolgskonzepte von Experten für die Praxis, Wiesbaden 2015, S. 47–51.

Scholtissek, S. (2007): Wer hat Angst vor ... Outsourcing?, in: Bullinger, H.-J./Klebert, S. (Hrsg.): Outsourcing in Deutschland, Rahmenbedingungen, Konzepte und Best Practices, Stuttgart 2007, S. 31–40.

Schröder, H.-H. (2004): Early Information (EI) Based on Knowledge Discovery in Databases (KDD), in: Albers, S. (Hrsg.): Cross-functional Innovations Management, Perspectives from Different Disciplines, Wiesbaden 2004, S. 122–138.

Siepmann, M. (2016): Im Vordergrund steht der persönliche Kontakt, S. 32–33, in: die bank, Zeitschrift für Bankpolitik und Praxis, Nr. 3, Köln März 2016.

Terliesner, S. (2016): Wie Institute ihre Zukunft sichern können, S. 12–18, in: Bankmagazin, Für Führungskräfte der Finanzwirtschaft, Wiesbaden Februar 2016.

Thomsen, L. (2016): Zukunftsforscher im Gespräch: Mit Menschlichkeit punkten, in: Der Zertifikateberater, Deutschlands führende Fachpublikation für strukturierte Produkte, Berlin Juni 2016.

Wahren, H.-K. (2009): Anlegerpsychologie, Wiesbaden 2009.

Walter, H.-J. (2015): The latest trends and key developments from advisory perspective, in: Global Banking & Financial Policy Review 2015/2016, Frankfurt am Main 2015, S. 35–38.

Internetquellen

Baumgartner, W./Hämmerl, T./Jandt, H.-P./Wiesinger, K./Winter, W. (2016), PARES Kompakt – zu aufwändig und zu teuer für kleine Sparkassen?, http://www.s-c.de/projekt/pares-kompakt-aufwndig-teuer-fr-kleine-sparkassen/, Stand: 02.09.2016.

Diening, M./Hämmerl, T./Seiler, S. (2016), PARES Kompakt – Wissen, wo man steht, http://www.s-c.de/projekt/pares-kompakt/?h=pares, Stand: 02.09.2016.

Diplomatic Council The Global Think Tank (2016), Fair Finance, https://www.diplomaticcouncil.org/de/foren-zertifikate/foren-branchen/global-fair-finance-forum/#toggle-id-9, Stand: 04.09.2016.

Fairr.de GmbH (2016), Idee & Philosophie, https://www.fairr.de/idee/, Stand: 13.08.2016.

n-tv (2016), Börsenexperte Dirk Müller im Interview, http://www.n-tv.de/mediathek/videos/wirtschaft/Wir-haben-zu-viele-Banken-in-Deutschland-article18437836.html, Stand: 19.08.2016.

SVBW (2016), Der Verband, http://www.sv-bw.de/verband/index.htm, Stand: 19.07.2016.

Datenquellen

DSGV (2016): Finanzbericht 2015, Unser Ergebnis – Unser Beitrag, Berlin Juli 2016.

Geschäfts-/Offenlegungsbericht für das Geschäftsjahr 2014 der einzelnen Sparkassen-institute.

Printed by Printforce, the Netherlands